STADTFÜHRER

BELGRAD

auf der Hand

2011

Autor und Redaktion:
Vladimir Dulović

Herausgeber:
KOMSHE d.o.o. Beograd

Direktor:
Branko Andrić

Für den Herausgeber:
Marko Borojević
Branko Andrić

Fotos:
Dragan Bosnić
Branko Jovanović
Nationalmuseum Belgrad

Karten:
Aleksandar Stanojlović

Deutscher Berater:
Jörg Heeskens

Übersetzung:
Renate Rädle

Design & Druckvorbereitung:
Ivan Grujić

Für Information und Vertrieb kontaktieren Sie:
marketing@komshe.com

In Zusammenarbeit mit:

NATIONAL MUSEUM

Caffe&Bar

MUZEJ GRADA BEOGRADA
BELGRADE CITY MUSEUM

ECKDATEN 6

Hotel Moskva am Terazije-Platz

BELGRADER STADTVIERTEL 46

Ružica-Kirche und Dizdar Turm, Festung Belgrad

Mädchen blickt auf zur "Dame von Belgrad"

Die Promenade im Kalemegdan-Park

BENUTZUNGSHINWEISE

Im Stadtführer „Belgrad auf der Hand“ finden Sie spielend leicht alle Informationen, die Sie brauchen, um Belgrad mit Vergnügen und mühelos zu erkunden.

Im ersten der drei Teile werden die Eckdaten der Stadt Belgrad vorgestellt: erster Kontakt mit der Stadt, ihre Lage und Geografie, eine Übersicht über ihre und die allgemeine serbische Geschichte, die faszinierenden Flüsse, der charakteristische Typ ihrer Cafés – die Kafana, und vieles mehr. Es folgt eine Liste aller wichtigen Veranstaltungen mit kurzen Beschreibungen, geordnet nach Monaten und Terminen.

Der zweite, größte Teil des Buches beschreibt 95 Sehenswürdigkeiten – die wichtigsten Straßen und Plätze, Denkmäler und Museen, sowie Parks und Erholungsgebiete. Sie sind in neun Kapitel

Detaillierte Informationen über jede Sehenswürdigkeit mit geschichtlichem Hintergrund und praktischen Hinweisen.

Info-Box zu jedem Ort mit genauer Adresse, Telefonnummer, Öffnungszeiten und Eintrittspreis, bei weiterer Entfernung vom Zentrum einschließlich Wegbeschreibung.

Die Orientierungskarte verdeutlicht, in welchem Teil der Stadt sich der vergrößerte Ausschnitt befindet.

Stadtteilkarte mit allen Sehenswürdigkeiten und Beschriftung.

gegliedert, die jeweils den Namen des Stadtviertels tragen, in dem sie sich befinden; das letzte Kapitel stellt Ausflugsziele in der Umgebung von Belgrad vor. Am Beginn jedes Kapitels finden Sie einen einführenden Text und eine Karte, die Ihnen einen Überblick über den Stadtteil und seine Sehenswürdigkeiten gibt und auf der Sie Ihr gewünschtes Ziel schnell lokalisieren können.

Im letzten Teil erhalten Sie praktische Informationen, die Ihnen vor und während Ihres Serbien-Besuchs hilfreich sein könnten, wie Zollvorschriften, Geld, Reiseinformationen, Hinweise zu Gesundheit und Sicherheit usw. Hier finden Sie auch eine vollständige Liste von Hotels und Hostels, einschließlich Ratschlägen, wo Sie essen gehen können mit einer Auswahl der besten Restaurants der Stadt. Darauf folgt eine Auflistung der wichtigsten Wörter und Ausdrücke und der Index. Ganz am Ende des Stadtführers finden Sie einen detaillierten Stadtplan der zentralen Stadtteile.

Genauer Stadtplan mit allen Straßen und alphabetischem Index.

Jedes Kapitel ist mit einer eigenen Farbe gekennzeichnet.

Vollständige Liste der Hotels und Restaurants mit Informationen zu Ausstattung, Preiskategorie etc.

Die Info-Box „Praktische Hinweise“ gibt wesentliche Kontaktinformationen

Die Info-Box „Tipps“ lenkt ihre Aufmerksamkeit auf interessante Restaurants, Cafés oder Einkaufsgelegenheiten.

mazda

ECKDATEN

Belgrad auf einen Blick
Herausragende Sehenswürdigkeiten
Höhepunkte der serbischen Geschichte
Geschichte Belgrads
Die Flüsse von Belgrad
Kafana - Das Flair des alten Belgrad
Stadtrundgänge
Veranstaltungen

BELGRAD AUF EINEN BLICK

Park vor dem Alten und Neuen Schloss

Belgrad, die Hauptstadt Serbiens und eine der Schlüsselstädte Süd-Ost-Europas, wird niemanden gleichgültig lassen. In einzigartiger Lage hoch auf dem Felsen an der Mündung zweier großer Flüsse gelegen, ist sie schön auf ihre eigene, grobe Art. Erwarten Sie nicht zu viele gut gepflegte Denkmäler oder mitteleuropäische Kultiviertheit. Belgrad scheint diese zugunsten von Bequemlichkeit und Muße aufgegeben zu haben. Diese Haltung hängt mit dem Schicksal der Stadt zusammen. In seiner ganzen Geschichte hat Belgrads Position an einer der euro-asiatischen Hauptrouten die Aufmerksamkeit auf sich gezogen. Darüber hinaus war dies seit 395, als die Grenzlinie zwischen dem ost- und weströmischen Reich hier gezogen wurde, bis ins Jahr 1918 eine Lage zwischen

Das Sieger-Denkmal über den Mauern der Belgrader Festung

Osten und Westen. Aus diesem Grund hat Belgrad viele Kriege erlebt, die ihr raues Dasein formten. Es wurde gezählt, dass die Stadt in ihrer langen Geschichte mehr als dreissig Mal vollkommen zerstört wurde, aber trotz allem an selber Stelle wieder entstand. Nicht viele Orte in der Welt können stolz auf die Tatsache sein, drei Bombardierungen allein im 20. Jahrhundert erlebt zu haben. Und deswegen ist Belgrad zugleich alt und neu, mit römischen Mauern gegenüber sozialistischen Beton-Wohnblocks und modernen Hi-Tech Gebäuden inmitten der ältesten Viertel. Heute ist es eine brausende Metropole, die in Verkehr und Menschenmengen erstickt, zugleich eine schmutzige alte Stadt und ein Ort wachsender Möglichkeiten für Geschäft und mehr, für Spaß und Vergnügung.

Belgrad in Zahlen

Offizieller Name: Grad Beograd (Stadt Belgrad)

Einwohnerzahl: 1,670,000 (2009)

Sprache: Serbisch

Ethnische Gruppen: Serben (90%), Roma, Kroaten

Religionen: serbisch orthodox (91%), muslimisch, katholisch

Zeitzone: Mitteleuropäische Zeit (GMT + eine Stunde)

Internationale Vorwahl: +381 11

Kfz-Kennzeichen: BG

Währung: Serbischer Dinar (RSD)

Nettomonatsgehalt: 450 EUR

Festtag: Himmelfahrt (*Spasovdan*), 40 Tage nach Ostern

Schutzheilige: Hl. Mutter Gottes (orthodox), St. Johann von Capistrano (katholisch)

Bezirke: 17 Bezirke (10 in der Stadt und 7 Vororte)

Die Mündung der Sava in die Donau mit der sich nach Norden erstreckenden pannonischen Ebene.

Geografie und Lage

Das Herz der Stadt, die Festung von Belgrad und der sie umgebende Kalemegdan-Park, erhebt sich über der Mündung der Sava in die Donau. Südlich von hier befindet sich das Stadtzentrum, das sich über den Bergrücken zwischen den beiden Flüssen erstreckt, gefolgt von den Vorstädten, die auf 32 sanften Hügeln liegen, weswegen *brdo*, „Hügel", oft Bestandteil ihres Namens ist. Sie enden am Avala-Berg, einer stumpfen Erhöhung am südlichen Horizont. Auf der anderen Seite, über die Sava, liegt die Ebene des Srem, die jetzt von Neu-Belgrad besetzt ist, einem Bezirk mit 250,000 Einwohnern, der auf dem einstigen Marschland in den letzten 50 Jahren entstand. Jenseits von Neu-Belgrad liegt Zemun, jahrhundertelang eine eigenständige Stadt, die die Hochs und Tiefs ihres größeren Nachbarn teilte. Bis heute hat sich viel von der Kleinstadt-Atmosphäre mit einer reizvollen Uferpromenade und Fischrestaurants bewahrt. Auf der anderen Seite der Donau und gut versteckt hinter Wäldern und Sümpfen breitet sich ebenfalls eine Ebene aus – das Banat, dessen Dörfer in unkontrollierbar große Vorstädte angewachsen sind, unter denen das bekannteste Borča ist.

Klima

Belgrad hat kontinentales Klima und den Ruf starker Klimaschwankungen. Es ist bekannt für lange sonnige Sommertage mit Höchsttemperaturen bis zu 40°C, die jedes Jahr zu erwarten sind. In diesen höllischen Tagen entfliehen viele dem Beton der Stadt und diejenigen, die bleiben, sind vor allem nachts unterwegs oder verbringen den Tag an den vielen Stränden der Stadt. Im Gegensatz dazu können die Winter ebenso hart sein, mit viel Schnee und Temperaturen gut unter Null, die Sie den südlichen Breitengrad der Stadt vergessen lassen. Frühling und Herbst sind meist kurz und nicht zu unterscheiden, eine Tatsache, die die Belgrader innerhalb weniger Tagen die Mäntel mit T-Shirts tauschen lässt. Deswegen sind die besten Monate für einen Belgrad-Besuch der April, der längst nicht mehr kalt ist, und der Mai, der vielleicht der angenehmste Monat

Junge Majoretten am Trg Republike

Ein Hafen an der Ada Ciganlija-Insel

des Jahres ist, mit langen Tagen und noch nicht zu heiß. Von Anfang Juni bis Mitte August brennt die Sonne. September ist noch mehr Sommer als Herbst, während der Oktober gelegentlich zu einem schönen und warmen Monat wird, ein als *Miholjsko leto* (St. Michael-Sommer) bekanntes Phänomen. Eine andere Charakteristik des Klimas der Stadt sind starke Winde, besonders der südöstliche *Košava*, der in der kälteren Jahreszeit bläst und trockenes Wetter, aber auch deutlich kühlere Temperaturen bringt.

Leute

Im Allgemeinen sind die Serben offen und gesellig: jeder wird freudig empfangen und es ist leicht, Leute kennen zu lernen. Herzliches Lachen und Lautstärke sind ein wichtiger Charakterzug, wie auch der Hang dazu, etwas sorglos zu sein und den Moment zu leben. Vom harten Leben erschöpft, wenden sich die meisten Leute leichteren Themen zu, während schwere Probleme meist in Witzen abgehandelt werden. Ironie, Selbstkritik und der zwangsläufige verschrobene schwarzer Humor, der den Serben über schwierige Zeiten hinweg half, sind wichtige Merkmale ihres Temperaments. Seien Sie sich trotzdem bewusst, dass man leicht auf politische Themen der näheren (und manchmal auch der entfernten) Vergangenheit kommt und dass viele Leute erpicht darauf sein werden, Ihnen eine Lektion über die serbische Sicht der Dinge zu erteilen, die sich von Ihren bisherigen Erfahrungen reichlich unterscheiden könnte. Seien Sie darauf gefasst, zuzuhören, seien Sie offen und zeigen Sie Interesse.

Ein weiteres Lieblingsthema ist der Sport: Die Serben sind sehr sportbegeistert, besonders für Fußball, Basketball und - seit den neuerlichen Erfolgen ihrer Landsleute - für Tennis. Verschiedene Ligen und Meisterschaften, Sportwetten oder einfach offene Kritik am schlechten Zustand des serbischen Fußballs können endlose Unterhaltungen auslösen, aber Sie können sich leicht daran beteiligen, wenn Sie sich im Sport auskennen.

Fragen Sie ruhig und forschen Sie nach, Sie werden Antwort bekommen, denn die meisten jüngeren Leute sprechen etwas oder sogar ziemlich fließend Englisch und werden gern bereit sein, Ihnen die Stadt aus ihrer Perspektive zu zeigen.

Unter seinen Besuchern hat Belgrad auch einen guten Ruf wegen seiner schönen Menschen bekommen: große, attraktive Männer und hübsche Frauen mit Sinn für Mode und stilvolle Erscheinung.

Fans des serbischen Nationalteams

Im allgemeinen ist der Dresscode weit davon entfernt, steif oder snobistisch zu sein, das heißt jedoch nicht, dass Sie zu nachlässig gekleidet sein sollten, wenn Sie komische Blicke vermeiden wollen.

Fürst-Mihailo-Denkmal in der Mitte des Trg Republike

Alltag und Nachtleben

Die Mehrzahl der Serben finden Belgrad hektisch wie jede Metropole, ein Eindruck, der durch die oft chaotische Realität gefördert wird, wie verrücktes Fahr- und Parkverhalten, überfüllte öffentliche Verkehrsmittel und Umweltverschmutzung. Andererseits ist der Eindruck der meisten Fremden, dass die Leute entspannt und vergnügt sind. Die Wahrheit liegt natürlich irgendwo dazwischen. Morgens kommt man nicht umhin, zu bemerken, dass die meisten Cafés fast voll sind: wegen der serbischen Gewohnheit des Kaffeetrinkens (gepaart mit Nikotinabhängigkeit) führt jede kurze Pause, ein Treffen mit Freunden oder ein Geschäftsgespräch regelmäßig in eines der reichlich vorhandenen belgrader Cafés. Obwohl der Transitionsprozess angelaufen und harte Arbeit Normalität ist, sind die meisten Belgrader nicht bereit, ihre kleinen Leidenschaften und den lässigen Schritt für das bisschen Profit zu opfern. Nach der Arbeit bleiben die Leute noch im Zentrum und wenn die Nacht hereinbricht, übernehmen Massen von Jugendlichen die Straßen. Im Frühling und im Herbst kann man das Gefühl nicht loswerden, dass die ganze Stadt unterwegs ist und sich vergnügt, und dies bis in die frühen Morgenstunden. Belgrad ist wirklich eine Stadt, die niemals ruht.

Das bringt uns auf ein Thema, das niemand in Belgrad auslassen sollte – das Nachtleben. Eine lebendige und sich ständig wandelnde Clubszene wurde von vielen der gastierenden Performer als eine der stärksten in Osteuropa gerühmt. Die meisten der Locations im Zentrum sind kleinere Clubs mit einer Atmosphäre zwischen Café und Diskothek, abhängig vom Tag und der Anzahl der Gäste. Bis auf einige Ausnahmen findet man die meisten richtigen Dancefloors auf den berühmten *splavovi*, den Hausbooten entlang der Flussufer. Während der warmen Jahreszeit verlagert sich beinahe das gesamte Nachtleben an die Flüsse, von wo aus laute Musik die Luft erfüllt und wo die Partys um Mitternacht beginnen und bis zur Morgendämmerung dauern. Für diejenigen, die etwas weniger lautes und authentischeres suchen, bieten Belgrads Nächte zahlreiche Orte, wo live Zigeunermusik oder serbische Volksmusik gespielt wir. Es sind meist Restaurants oder *kafana*-artige Wirtshäuser, in denen eher getrunken und gefeiert, als gegessen wird.

Café-Kultur um die Mittagszeit

Herausragende Sehenswürdigkeiten

Gardoš-Berg (Seite 126)
Wahrscheinlich das malerischste Viertel in der Stadt: ein Labyrinth schmaler Gassen führt hinauf zu dem alten Turm über Belgrads Zwillingsstadt Zemun

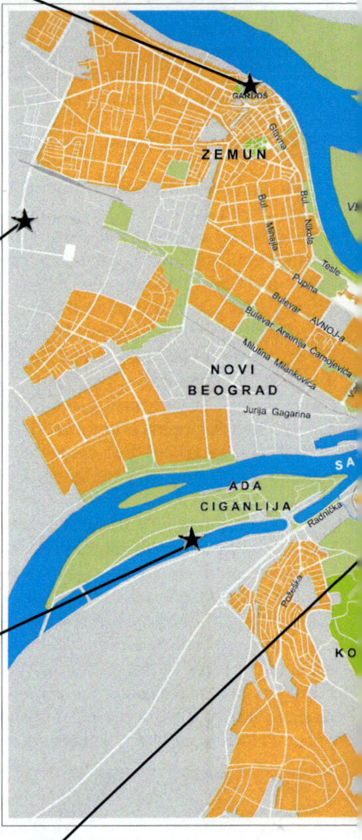

Luftfahrtmuseum (Seite 136)
Mit einer der größten Sammlungen weltweit führt Sie das Museum durch die aufregende Geschichte der Fliegerei in Serbien

Ada Ciganlija (Seite 140)
Die ehemalige Flussinsel ist jetzt ein Naherholungsgebiet mit einem großen See mit Strand, Sportplätzen und Nachtleben

Kneza-Miloša-Straße (Seite 110)
Von Regierungsgebäuden und Ministerien gesäumt, wurde sie bei der Bombardierung 1999 nicht geschont und ist sowohl wegen der erhaltenen als auch wegen der zerstörten Bauten beeindruckend

Avala-Berg (Seite 149)
Krönen Sie einen Ausflug in die Natur am südlichen Stadtrand mit dem Besuch des atemberaubenden „Denkmals für einen unbekannten Soldaten"

Festung Belgrad (Seite 51)
Die Quintessenz der Stadt: geschichtsträchtige Festungsanlagen mit zahlreichen Museen und Denkmälern über der Mündung der Sava in die Donau

Lage Belgrads in Serbien

Ethnografisches Museum (Seite 70)
Lernen Sie die Kultur der Serben durch die einfache Volkskunst ihrer Vorfahren kennen und verstehen Sie, wie sie Vergangenheit und Gegenwart formte

Skadarlija (Seite 77)
Die altertümliche bohemische Straße mit kafanas aus dem 19. Jhdt. ist nach Einbruch der Dunkelheit einer der beliebtesten Treffpunkte der Stadt

St. Sava (Seite 96)
Die gigantische Kirche, die man von allen Teilen der Stadt aus sehen kann, erstaunt und provoziert mit ihrer Konzeption, Größe und Pracht

Kneza-Mihaila-Straße (Seite 38)
In dieser außergewöhnlich lebhaften Fußgängerzone reihen sich stylische Boutiquen an Kunstgalerien

HÖHEPUNKTE DER SERBISCHEN GESCHICHTE

600
Awaren und slawische Stämme fallen vom Gebiet des heutigen Ungarn und Rumänien aus kommend in die Balkanhalbinsel ein, die vom Byzantinischen Reich kontrolliert wird. Zwischen 626 und 641 lassen sich slawische Stämme der Serben am Zentral- und Westbalkan nieder.

850
Die Serben übernehmen die christliche Religion und die neu geschaffene slawonische Liturgie.

9. und 10. Jahrhundert
Die ersten serbischen Staaten, die in den Bergregionen des heutigen Montenegros und der Herzegowina gegründet wurden, kämpfen um den Erhalt ihrer Unabhängigkeit von Byzanz und Bulgarien.

1034-1181
Vojislavljevićs. Duklja, geführt von **Stefan Vojislav**, wird zum mächtigsten der serbischen Gebiete und es gelingt ihm, die Unabhängigkeit von Byzanz zu erreichen. Vojislavs Sohn Mihajlo (1055-92) wird als König anerkannt, aber im 12. Jhdt. verliert Duklja sein Primat über Raška im Osten.

1168-1371
Nemanjićs. Stefan Nemanja, der Gründer der Dynastie, besteigt den Thron von Raška und vereint alle serbischen Gebiete außer Bosnien unter seiner Herrschaft. 1217 sichert sein Sohn Stefan "Prvovenčani" (der Erstgekrönte) die Krone als erster König der Linie, während Nemanjas anderer Sohn, der Mönch Sava (später ein Heiliger), die Garantie bekommt, eine unabhängige Kirche zu gründen. Einige folgende Könige weiten den Staat auf das Gebiet von Byzanz und Bulgarien aus. **Dušan der Mächtige** (1331-1355) wird 1345 zum Kaiser gekrönt und das Erzbistum wird auf den Status des Patriarchats angehoben. Serbien erreicht den Höhepunkt seiner Macht während des Mittelalters und erstreckt sich von Belgrad bis zum Golf von Korinth und von der Adria bis nach Halkidiki. Das Jahr 1371 erlebt sowohl den Tod des Kaiser Uroš des Weichen, des letzten Herrschers der Dynastie, als auch die Niederlage der mächtigsten serbischen Adligen von Mazedonien gegenüber den Türken.

1377
Da Serbien ohne rechtmäßigen Herrscher verbleibt, wird Tvrtko von Bosnien, ein Verwandter der Nemanjićs, am Grab des Hl.Sava im Kloster Mileševa zum König der Serben gekrönt.

Stammbaum der Nemanjićs aus dem Kloster Dečani (Nationamuseum Belgrad)

1389
Die Schlacht auf dem Amselfeld (Kosovo): sowohl der türkische Sultan Murad I., als auch der Führer der vereinten Serben, Fürst Lazar, sterben. Lazars Sohn, der 11-jährige Stefan, ist gezwungen, den Türken Tribut zu zollen. Die Schlacht wird zum Zentrum der serbischen Epik, die die vergangene Größe beklagt und den nationalen Geist lebendig hält.

1402-1499
Stefan Lazarević (1389-1427) und sein Nachfolger Djuradj Branković (1427-1456) nutzen den Sieg von Timur Lenk und seinen Mongolen über die Türken bei Angora aus und bringen Serbien, nun mit dem Titel des *Despoten*, zu neuer kultureller und ökonomischer Blüte. Eingezwängt zwischen den islamischen Türken und den katholischen Ungarn ist Serbien Schauplatz wiederkehrender Kriege. Nach dem Fall von Konstantinopel greift Mahomet der Eroberer Serbien an und **1459** fällt die letzte serbische Hauptstadt, Smederevo an der Donau. **1463** besetzen die Türken Bosnien und exekutieren den letzten König. 1494 wird das erste Buch auf Serbisch in Cetinje (Montenegro) gedruckt, doch die Stadt wird fünf Jahre später von den Türken eingenommen.

1537
Der letzte Despot des serbischen Volkes in Ungarn stirbt und damit endet die Kontinuität der serbischen Herrscher. Nachdem Buda in türkische Hand fällt (1541), leben fast alle Serben innerhalb der Grenzen des Osmanischen Reichs.

„Der Tod des Hajduk Veljko" von Stevan Todorović (Nationalmuseum Belgrad)

1557
Der Großwesir serbischer Herkunft Mehmed-pasha Soccolly stellt das Patriarchat unter seinem Neffen Mönch Makarije wieder her und gewährt der serbischen Kirche den Platz des verschwundenen Staates einzunehmen.

1683-1699
Mit der Niederlage vor den Toren von Wien verfällt die Macht der Türken und 1689 wird Serbien kurz befreit, nur um wiederum verloren zu gehen; zehntausende fliehen vor der Rache der Türken und siedeln sich im Norden an. Der Frieden von Karlowitz (1699, heute Sremski Karlovci nordwestlich von Belgrad) belässt die Regionen südlich der Sava und der Donau unter türkischer Herrschaft. Im 18. Jhdt. liegt Serbien wiederum in der Grenzregion zweier kriegsführender Reiche.

1804-1815
Serbische Revolution. Der Aufruhr gegen die lokalen Unterdrücker im sich auflösenden türkischen Staat weitet sich zu einem Aufstand aus, der von Djordje Petrović, bekannt als **Karadjordje** („Schwarzer Georg"), angeführt wird. Nach bedeutsamen Erfolgen unterliegen die Serben 1813. Der wiederkehrende türkische Terror resultiert 1815 in einen weiteren Aufstand, diesmal unter der Führung von Miloš Obrenović, der bald auf einen Kompromisskurs mit dem Osmanischen Reich einlenkt und schrittweise autonome Rechte einführt.

1815-1830
Mit allen verfügbaren Mitteln, durch Bitten, Betteln und Drohungen, sichert und erweitert **Miloš Obrenović** Serbiens Unabhängigkeit unter der Erbfolge seiner Familie. Seine autokratische Herrschaft trifft unter der jüngeren Intelligenz und anderen Prominenten, die daran keinen Anteil haben, auf Widerstand und so erhält Serbien 1835 seine erste kurzlebige Verfassung und wirft alle Überreste des Feudalismus ab. Im Jahr 1840 werden die Obrenovićs vertrieben und Aleksandar Karadjordjević, der Sohn von Karadjordje, wird auf den Thron gesetzt.

1848
Die ungarische Revolution verbindet die Serben und Kroaten des Habsburger Reiches gegen ihre ungarischen Nachbarn. Blutige Zusammenstöße verwüsten die Vojvodina, ihre Flüchtlinge bringen europäische Sitten ins noch orientalische Serbien.

1856
Die Unabhängigkeit Serbiens wird entsprechend des Pariser Friedensvertrags international anerkannt.

1867
Die letzten sechs Festungen, die noch von der türkischen Armee gehalten wurden, kehren in serbische Hände zurück.

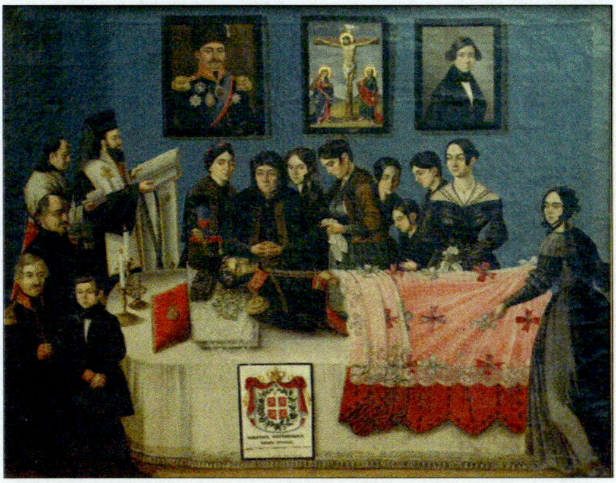
„Totenbett Fürst Milans" (1839) von Jovan Isajlović dem Jüngeren (Nationalmuseum Belgrad)

1878
Nach den beiden Kriegen gegen die Türkei (1876 und 1877) expandiert Serbien nach Südosten. Der Berliner Kongress garantiert den Status eines unabhängigen Fürstentums, das 1882 in den Rang eines Königreichs gehoben wird, überlässt aber Bosnien-Herzegowina, das Kerngebiet des serbischen antiosmanischen Aufruhrs, den Habsburgern. König Milan führt

eine unpopuläre pro-habsburgerische Politik, während sein Sohn Aleksandar unverhohlen das Parlament und die Verfassung missachtet.

1903-1912
Aleksandar (1888-1903), der letzte König der Obrenović-Dynastie, wird von einer Verschwörung von Heeresoffizieren ermordet und **Petar Karadjordjević**, ein Herrscher, der bereit ist, die demokratischen Regeln und den Willen der Mehrheit zu achten, sichert Serbien eine Dekade der Prosperität. Der neue Kurs unterstützt den sich verstärkenden Nationalismus und den Ruf nach Vereinigung der Südslawen. Dies resultiert in einem bitteren Konflikt mit dem verärgerten Österreich-Ungarn, das einen erfolglosen Zollkrieg führt und die innerhalb seiner Grenzen lebenden Serben unterdrückt.

1912-1918
Befreiung und Vereinigung. Nach den beiden Balkankriegen, in denen Kosovo und Mazedonien befreit wurden, sind Serbiens Kräfte ermüdet und nach dem 1.Weltkrieg vollkommen erschöpft. Geplündert, verwüstet und mit einer um ein Drittel reduzierten Bevölkerung, umfasst Serbien innerhalb des neu gegründeten Königreichs der Serben, Kroaten und Slowenen Gebiete mit verschiedenen Systemen, Gesetzen und Gewohnheiten.

Belgrad 1914, erste Verteidigungslinie

1929
Der neue Staat ist innerlich zerrissen und steht ethnischen und Partei-Konflikten gegenüber, die in der Ermordung einiger kroatischer Parlamentsmitglieder gipfeln. **König Aleksandar Karadjordjević** verwirft das unstabile parlamentarische System und führt die Diktatur ein. Der Name des Staates wird in Jugoslawien geändert. Nach der Ermordung Aleksandars durch kroatische und bulgarische Nationalisten 1934 verfällt die Diktatur schrittweise.

Poster von König Aleksandar von Jugoslawien und seinem Sohn Peter

1941-45
2. Weltkrieg. Nach dem 27. März treiben Demonstrationen gegen die Vereinigung mit den Achsenmächten den fragilen Staat in den Krieg mit Deutschland und die feindlichen Armeen brechen den Widerstand mit Leichtigkeit in nur wenigen Tagen. Die Serben finden sich in mehreren feindlichen kollaborierenden Staaten wieder, die beginnen, an der Zivilbevölkerung Rache zu nehmen und hunderttausende Tote im ganzen Land hinterlassen. Der Kampf der beiden Guerilla-Bewegungen, der kommunistischen *partizan* und der königstreuen *četnik*, bringt noch mehr Verwirrung und Elend. Mithilfe der Alliierten und der UDSSR kommen die Partinsanen unter Führung von Josip Broz „Tito" an die Macht, als sie das Land 1944-45 befreien. Die Kommunisten formen das Land nach sowjetischem Modell, schaffen die Monarchie ab und erklären die Föderale Republik mit Tito als Präsident auf Lebenszeit.

1948
Da Stalin den absoluten Gehorsam der lokalen Kommunisten nicht sicherstellen kann, übt er Druck auf Jugoslawien aus, indem er es der beschuldigt, vom Weg des Kommunismus abzuweichen. Tito und die Kommunistische Partei widerstehen der Drohung, indem sie rücksichtslose Säuberungen in den eigenen Reihen vornehmen und ihre Verbindungen mit dem Westen verstärken.

Die 1950-er und 60-er
Das sowjetische Dogma wird verworfen und der neue Weg des jugoslawischen

Schwimmendes Restaurant auf der Donau

und ihre Überfüllung erreicht Maßstäbe, von denen Badeorte am Meer nur träumen können. Die bekanntesten sind die, die gepflegt werden, mit allen Einrichtungen, die man braucht um sich wohl zu fühlen und angeschlossenen Sportplätzen. Da diese auch die am meisten überlaufenen sind, halten sich die erfahrenen „Fluss-Menschen" fern. Dann gibt es den **Wassersport** – vom Rudern und Segeln bis zum Freizeit-Scooterfahren. Obwohl nicht mehr so ergiebig wie in alten Tagen, als um Belgrad und Zemun unglaubliche Fänge eingeholt wurden, ist das **Angeln** noch immer ein allseits beliebter Zeitvertreib. Man kann lange Reihen von Anglern sehen, die an den besten Plätzen, die erstaunlicherweise sowohl in der Innenstadt als auch im Dickicht an den Stadträndern liegen, ihre Schnüre auswerfen. Barsch, Hecht und Karpfen sind die größten Fänge, kleinere Exemplare enden häufig sofort im dampfenden Kessel der Fischsuppe (*riblja čorba*), die bevorzugte Mahlzeit am Flussufer und gut gehütetes Rezept jedes erfahrenen Koches ist. Dann gibt es die Ausflugsschiffe, die **Sightseeing-Touren** anbieten, die Ihnen wunderbare Stadtansichten aus einzigartiger Perspektive ermöglichen. Unbestreitbar das populärste Vergnügen an den Flüssen sind die berühmten **Hausboot-Clubs und schwimmenden Restaurants**, die an den Ufern aufgereiht mit aller Art von Programm, Küche oder Rhythmen aufwarten, um von Ihnen gemeinsam mit jungen und alten Belgradern entdeckt zu werden. Die schönste Art, den Fluss zu genießen – das Leben auf dem Fluss, sollte nicht unerwähnt bleiben. Viele Leute haben eigene **Sommerhäuser** am Fluss, auf kleine Flöße gebaute Hütten in allen erdenklichen Formen und Farben und verbringen hier den größten Teil des Jahres. Hier, wo der Schritt langsam wird und der Lärm des Verkehrs im Hintergrund verebbt, kann man den Genuss des einfachen Lebens mit der Bequemlichkeit der Stadt verbinden. Es ist an Ihnen, welche Art der Entspannung Sie wählen – nur lassen Sie sich die Gelegenheit, sich an den Flüssen von Belgrad zu vergnügen, nicht entgehen.

Ein ertragreicher Tag an der Donau

Wassersport an der Ada Ciganlija

KAFANA – DAS FLAIR DES ALTEN BELGRAD

Bis zum Beginn der 1980-er war die Kafana der einzige Ort zum Ausgehen. Verdrängt von Kommerzialisierung und Vernachlässigung, gehört sie heute zu den „gefährdeten Gattungen“. Ein paar von denen, die überlebt haben, sind wahrhaft historische Orte, an dem der Atem der Vergangenheit spürbar ist, andere sind nicht so szenisch, haben aber eine nicht weniger einzigartige Atmosphäre von Aufrichtigkeit und Freundlichkeit.

Auswahl von Wein und Schnaps an der Bar

Die Kafana hatte ihre Glanzzeit im späten 19. und frühen 20. Jahrhundert, als eine auf jeden 20. Belgrader kam. Jeder Beruf und jede Klasse, jede politische Partei und jede Gesellschaft hatte ihre Kafana. Die Café-Gesellschaft war die Essenz des sozialen Lebens – wenn man einen Journalist für einen Artikel, einen Schauspieler für ein Stück, Arbeiter oder sonst etwas brauchten, musste man einfach nur wissen, in welche Kafana man zu gehen hatte.

Die typisch serbische Mischung aus Restaurant und Café ist vor allem ein Ort, an dem man etwas zu trinken bekommt, aber die meisten servieren auch Essen. Die Getränke sind einfach und deswegen charakteristisch, aber gelegentlich entdeckt man einen ungewöhnlichen Rakija. Von elementarer bis zur Feinschmecker-Küche gibt es alle Variationen, aber immer bekommt man einen guten Gegenwert für sein Geld. Kafanas öffnen gewöhnlich früh morgens, aber schließen meist früher, gegen 22 oder 23 Uhr (einer der Gründe, warum sie verschwinden). Sie sind um die Mittagszeit am beliebtesten, wenn schwer ein freier Tisch zu finden ist. Schon aus dem Grund, den Geist des Belgrads von einst zu erleben und zu sehen, wie die gewöhnlichen Leute leben und denken, sollten Sie sich eine gute Kafana nicht entgehen lassen.

Kneza Mihaila und Varoš-kapija

Proleće, Ecke Vuka Karadžića - Cara Lazara Straße. Wertvoll schon aus dem Grund, weil sie eine der wenigen ist, die im Stadtzentrum überlebt hat.

Brankovina, Uzun Mirkova 7. Neben einem Interieur, das jahrzehntelang nicht verändert wurde und Stammgästen hat sie das beste Sauerkraut und den besten Glühwein in der Gegend.

Park, Ecke Pariska - Uzun Mirkova Straße. Eine vergessene Oase im Mittelpunkt der Stadt mit großem Saal und noch größerer Terrasse, ideal im Sommer.

Zentrum

Herceg Novi, Skadarska 6. Ein kleiner Raum mit gutmütigem Wirt und exzellentem Grillfleisch, fast immer überfüllt.

Zlatno burence, Prizrenska 8. Eine der Kafanas aus dem 19. Jhdt. mit einem alten modellierten Schild, das ein Fass (*burence*) darstellt.

Bosna, Majke Jevrosime 45. Ein ruhiger Ort im Zentrum mit einigen Spezialitäten aus Bosnien.

Stara Hercegovina, Ecke Carigradska - Vojvode Dobrnjca, unterhalb des

Noch eine Runde im „Stara Hercegovina“

BELGRADER STADTVIERTEL

KNEZA-MIHAILA-STRASSE UND VAROŠ KAPIJA
DER KALEMEGDAN PARK UND DIE FESTUNG
DORĆOL
ZENTRUM
ENTLANG DES BOULEVARDS
KNEZA-MILOŠA-STRASSE UND SAVAMALA
ZEMUN
NEU-BELGRAD
SÜDLICHE VORORTE
EXKURSIONEN IN DIE UMGEBUNG VON BELGRAD

ART

KNEZA-MIHAILA-STRASSE UND VAROŠ KAPIJA

Die „Knez-Mihajlova", wie sie gewöhnlich von den Belgradern genannt wird, ist die lange, gerade Fußgängerzone, auf der sich das Leben der Innenstadt abspielt. Sie beginnt am Hauptplatz von Belgrad, dem Trg Republike, wo sich das Nationalmuseum und das Nationaltheater befinden. Gesäumt von Häusern aus dem 19. und 20. Jahrhundert mit exklusiven Geschäften, Galerien und anderen Kulturinstitutionen führt sie zum Kalemegdan Park und der Festung. Auf einem kurzen Spaziergang durch die Gassen links dieser Straße können Sie Cafés und Antiquitätenläden entdecken. Dies ist der älteste Teil der Stadt, genannt Varoš kapija, „Stadttor", nach dem Tor, das früher Einlass in die Stadt gewährte. In türkischer Zeit war hier das Zentrum der serbischen Gemeinde mit ihren Kultur- und Bildungsinstitutionen. Auf der Anhöhe über der Sava erhebt sich der malerische Kosančićev venac mit Kopfsteinpflaster und niedrigen Häusern. Ganz in der Nähe liegen die Orthodoxe Kathedrale und der Patriarchensitz der serbisch-orthodoxen Kirche und auch das älteste und urigste unter den alten Kaffeehäusern Belgrads, das Café „?".

1. Trg Republike
2. Kneza-Mihaila-Straße
3. Obilićev venac
4. Topličin venac
5. Museum Angewandter Kunst
6. Kosančićev venac
7. Hof der Fürstin Ljubica
8. Orthodoxe Kathedrale
9. Palast des Patriarchen und Museum der Serbisch-orthodoxen Kirche
10. Kralja-Petra-Straße
11. Französische Botschaft

ie Kneza-Mihaila-Straße aus der Vogelperspektive

1 Trg Republike

Der Hauptplatz von Belgrad ist der Mittelpunkt des städtischen Lebens, hier trifft man sich tagsüber und nachts mit Freunden, hier finden kulturelle Veranstaltungen und politische Kundgebungen statt. Dass der Platz eine zentrale Rolle spielt, die ihn wichtiger macht als alle anderen Plätze, erkennt man an der Tatsache, dass er gewöhnlich einfach nur *Trg* - „Platz" genannt wird und jeder weiß, was gemeint ist. Während des Kampfes gegen das Milošević-Regime in den Neunziger Jahren hielten die Oppositionsparteien fast alle ihre Protestkundgebungen an dieser prominenten Stelle ab, um das Schweigen der staatlich kontrollierten Medien zu brechen. Heute strömt hier die Menge zur Feier von Sportereignissen oder zu Neujahr bzw. „Serbisch Neujahr" zusammen.

Zur Römerzeit endete hier die ummauerte Stadt mit einem Tor. 1722-36 bauten fast an gleicher Stelle die Österreicher das Haupttor der Stadt und nannten es nach dem Herzog Karl Alexander von Württemberg, dem Statthalter von Serbien. Es wurde jedoch spontan Istanbul-Tor getauft, denn es stand am Beginn der Straße in die osmanische Hauptstadt. Als Warnung für die Bevölkerung wurden hier in der letzten Periode der türkischen Herrschaft die Köpfe der hingerichteten Aufständigen zur Schau gestellt und deshalb wurde das Tor zu einem gehassten Symbol der türkischen Tyrannei. Als die Türken 1867 die Stadt endgültig verließen, war es eine der ersten Amtshandlungen der serbischen Regierung, das Tor abzureissen und so entstand Raum für den heutigen Platz.

In seiner Mitte steht das **Reiterdenkmal des Fürsten Mihailo Obrenović**, während dessen Regierung (1839-42 und 1860-68) die Osmanen die Stadt verließen. Seine Ermordung am Höhepunkt seiner Erfolge machte seinen Nachfolgern den Weg frei, die seine Popularität zu Gunsten der herrschenden Dynastie ausnutzten. Das Denkmal wurde 1882 als erstes Monument errichtet und ist noch immer das einzige Reiterdenkmal in Belgrad, und so verabredet man sich einfach *kod konja* - „beim Pferd". Es ist eine Arbeit von Enrico Pazzi, einem italienischer Bildhauer, der damals in Belgrad lebte. Auf Vorder- und Rückseite des Sockels prangen das Wappen des Fürstentums Serbien und die Widmung, an den Längsseiten sind die Namen der sechs Festungen zu lesen, die die Türken 1862 und 1867 abtreten mussten. Die Reliefs am Bronzesockel zeigen, wie Mihailos Vater Miloš 1815 zu den Waffen ruft (Vorderseite), einen Guslespieler (*gusle* ist das einsaitige Instrument, auf dem sich die Sänger der Epischen Lieder begleiten), der vor dem Volk die Taten der Obrenović-Dynastie besingt (Rückseite), die Volksdelegation im Gespräch mit dem Fürsten (rechts) und einen weiteren *guslar* mit dem zum Schwur am Grab des geliebten Fürsten versammelten Volk (links).

Fürst-Mihailo-Denkmal

Rechts des Denkmals steht das älteste Gebäude am Platz, das **Nationaltheater** (*Narodno*

Der Sohn, der nicht wie sein Vater war

Fürst Mihailo (1822-68) war der erste europäisch erzogene und gebildete serbische Herrscher im 19. Jahrhundert. Sein Vater Miloš war noch immer ein Mann mit türkischen Umgangsformen; er wusste, wie man mit dem Sultan und seinen Würdenträgern umzugehen hatte und tat dies mit wachsamem Pragmatismus und levantinischer Klugheit. Mihailo wurde nach kurzer Herrschaft unter der Bürde der Unbeliebtheit seines Vaters entthront, floh aus Serbien und verbrachte ein Jahrzehnt in Europa. Seine zweite Regierung führte er als aufgeklärter Absolutist, geleitet von der Idee, alle Kräfte in Serbien zu vereinen und eine Balkan-Allianz für den „entgültigen" Schlag gegen die Türken auf den Weg zu bringen. Als gefeierter Befreier der serbischen Städte wähnte er sich in Sicherheit und wurde brutal von den Feinden der Dynastie ermordet.

7 Hof der Fürstin Ljubica

Konak kneginje Ljubice

Kneza Sime Markovića 3; Tel. 2638-446; geöffnet Di, Mi, Fr, Sa 10-17h, Do 12-20, Mo geschlossen, www.mgb.org.rs

Dieses kleine Herrenhaus wurde 1829-31 auf Anordnung von Fürst Miloš als sein neuer Wohnsitz in der Stadt gebaut. Doch bald überlegte er es sich anders, denn er fühlte sich wegen der türkischen Festung und den Wachposten ganz in seiner Nähe nicht sicher und entschied, von seinem Besitz in Topčider zu regieren, der ein paar Kilometer südlich von Belgrad liegt. Seine Frau Ljubica und seine Kinder ließ er in der Stadt. Der Konak ist ein Werk von Hadži Nikola Živković, dem ersten Architekten des freien Serbiens. Er folgt dem orientalischen Stil, die dekorativen Elemente weisen jedoch darauf hin, dass der erste Schritt hin zu einer europäischen Architektur gemacht wurde, an der sich alle späteren Paläste orientieren sollten. Besonders bemerkenswert ist der kleine Ausguck auf dem Dach, von dem aus die Wächter die Sava überblicken konnten. Die Anordnung der Räume folgt dem alten Muster mit dem *osmanluk*, dem Empfangsraum, in der Mitte. Im hinteren Teil befindet sich ein privater *hamam* (türkisches Bad), einer der drei einzigen erhaltenen in der Stadt. Miloš's erstgeborener Sohn, der nur drei Wochen herrschte, starb hier 1839 und sein minderjähriger Bruder, der ihm nachfolgte, richtete im Konak seinen Hof ein.

Die Rückseite des Hofs der Fürstin Ljubica

Heute wird der Palast vom Stadtmuseum Belgrad betrieben. Die Räume sind mit für die damalige Zeit typischen Möbeln, Gemälden und Erinnerungsstücken eingerichtet. Im Keller, den Miloš als Schatzkammer benutzte, finden heute Ausstellungen statt.

Die Kreuzung der Kralja Petra und der Kneza Sime Markovića Str. war in der ersten Hälfte des 19. Jahrhunderts das Zentrum der serbischen Hälfte Belgrads. Im Umkreis von hundert Metern standen beinahe alle wichtigen Institutionen des jungen Serbiens: das Gymnasium, die Buchhandlung, die Bibliothek, die Druckerei, die Apotheke etc.

8 Orthodoxe Kathedrale

Saborna crkva

Seit dem 16. Jahrhundert stand hier eine dem Erzengel Michael geweihte orthodoxe Kirche. Die alte Holzkirche aus dem 18. Jahrhundert begann zu verfallen und Fürst Miloš entschied ein neues grandioses Gebäude zu finanzieren, das der neu erworbenen religiösen Freiheit Ausdruck verleihen sollte. Nach dem Vorbild der serbischen Kirchen im Habsburger Reich wurde die neue Kathedrale 1841 im klassizistischen Stil mit einem barocken Turm vollendet. Der Entwurf stammte von den Architekten Kwerfeld & Fomberger aus der nahen, damals österreichischen Stadt Pančevo.

Links und rechts vom Eingang befinden sich die Grabstätten von Vuk Stefanović Karadžić (1789-1864) – dem Reformator der serbischen kyrillischen Schrift und unermüdlichen Sammler von Volksmärchen und Liedern und von Dositej Obradović (1739-1811)

Kreuzung der Kralja-Petra mit der Kneza-Sime-Markovića-Straße

– dem Anhänger der Aufklärung und der rationalistischen Philosophie.

Den Höhepunkt des bescheidenen Inneren bildet die beeindruckende **Ikonostasis**, deren Bemalung von Dimitrije Avramović ein

Prächtige Ikonostasis in der Orthodoxen Kathedrale

frühes Beispiel der serbischen romantizistischen Malerei darstellt. Die Wandgemälde stammen vom selben Künstler. Die Reliquien des serbischen Despoten Hl. Stevan Štiljanović (gestorben ca. 1540) sind vor der Ikonostasis aufgebahrt. Sie wurden während des 2. Weltkriegs aus den Klöstern des Bergs Fruška Gora gebracht, die von der Zerstörung durch kroatische Faschisten bedroht waren.

Rechts vom Eingang in den Naos befinden sich die Gräber von Fürst Miloš, seinem Sohn Mihailo (mit der Statue des Hl. Mihailo) und links, ihm zugewandt, von Patriarch Gavrilo Dožić (gestorben 1950), der als einziger Kirchenführer während des Zweiten Weltkrieges in einem nazistischen Konzentrationslager gefangen gehalten wurde.

9 Palast des Patriarchen und Museum der Serbisch-orthodoxen Kirche

Patrijaršija i Muzej Srpske pravoslavne crkve

Neben der alten Residenz des Metropoliten liegt der Palast des Patriarchen (besser bekannt als Patriarchia - *Patrijaršija*), der 1934-35 nach dem Entwurf von Viktor Lukomski gebaut wurde, einem der vielen russischen Flüchtlinge, die vor dem Terror der Bolschewiken geflohen waren. Er kombinierte den serbisch-byzantinischen Stil mit akademischen und modernistischen Elementen, die den Gesamteindruck verwischen. Über dem Haupteingang in der Kneza Sime Markovića Straße ist das Wappen der Metropoliten-Diözese Belgrad-Karlovci zu sehen. Darüber erhebt sich die Apsis der den Hl. Simeon Mirotočivi und Hl. Johannes dem Täufer geweihten Kapelle, letzterer ist in einem Mosaik dargestellt. Das Gebäude ist unter anderem auch die Residenz des derzeitigen Serbischen Patriarchen Pavle (seit 1990 44. Oberhaupt der serbisch-orthodoxen Kirche), der sein offizielles Wohngebäude serbischen Flüchtlingen aus Kroatien und Bosnien überließ.

Der Eingang zum **Museum** befindet sich um die Ecke (*Kralja Petra 5; Tel. 2635-699; geöffnet Mo-Fr 8-15h, Sa 9-12h, So 11-13h, geschlossen an allen orthodoxen Feiertagen; Eintritt 50 Din, Kinder und Studenten 20 Din.*). Es wurde in den schwierigen Zeiten der Besatzung im 2.Weltkrieg mit den Gegenständen gegründet, die aus serbischen Kirchen im ganzen Land gebracht wurden, um sie in Sicherheit zu bringen.

Hat man die Karte gekauft, steigt man in den ersten Stock hinauf und hält sich links. Das Museum besitzt auf nur fünf Räumen eine wunderbare Sammlung von wichtigen Dokumenten und religiösen Gegenständen. Besonders attraktiv sind die Robe Fürst Lazars (Ende des 14. Jhdts.), der gestickte „Lobgesang an Fürst Lazar“ der Nonne Jefimija (1402), das Ziborium des Klosters Ravanica (1705), die Evangelien aus dem 16. Jahrhundert, die Zepter aus dem 18. Jhdt., das Leichentuch von König Milutin (Ende des 13. Jhdts.) und die unge-

Patriarchia

wöhnlichen Votivgaben aus dem 19. Jahrhundert. Die Beschriftungen sind nur auf serbisch.

⑩ Kralja Petra Straße

Ulica Kralja Petra

Die Kralja Petra Straße ist einer der ältesten Kommunikationswege der Stadt. Als kürzeste Verbindung zwischen Sava und Donau führt sie empor auf den Bergrücken, wo heute das Zentrum der Stadt liegt und auf der anderen Seite wieder hinab. Bis zu den 1870er Jahren, als die Kneza Mihaila Straße gebaut wurde, war sie die wichtigste Straße für den Handel.

Die **Kafana „?"** (*Znak pitanja*) gegenüber der Saborna Kirche befindet sich in einem Haus, das für das Belgrad und überhaupt die Balkanstädte des frühen 19. Jahrhunderts typisch ist. Es wurde 1823 von griechischen Bauherren für Naum Ičko, einen Händler und Handelsrepräsentanten des serbischen Fürstentums in Istanbul, errichtet. Später lebte hier Ećim-Toma, der persönliche „Heiler" von Prinz Miloš, der die gute Lage ausnutzte und ein Café eröffnete. Das Haus mit dem Café wechselte im Laufe der Zeit mehrmals seine Besitzer und 1892 beschloss einer von ihnen das Café in „Bei der Kathedrale" umzutaufen. Die Kirchenführer empfanden dies als beleidigend und drohten ihm mit Schließung, falls er den Namen nicht ändere. Einen anderen zu finden, gestaltete sich schwierig, denn alle guten Namen schienen schon vergeben zu sein und so hängte der Wirt, solange er grübelte, ein Schild mit einem „?" vor die Tür. Die Leute hielten das für den neuen Namen, etwas eigenartig aber einprägsam, und diese Meinung hat sich bis heute gehalten.

Die älteste Kafana in Belgrad, das „?"

Die Einrichtung besteht aus niedrigen Tischen mit Stühlen aus Holz und sieht sehr malerisch aus. Der langgezogene schattige Hinterhof, den früher fast jedes Belgrader Café hatte, gehört heute zu den Seltenheiten.

In dem Gebäude an der Kreuzung mit der Gračanička Straße hat die **Grundschule „König Peter I."** ihre Räume. Sie setzt die Tradition der ältesten Schule der Stadt fort, der serbischen Schule, die neben der Kirche aus dem frühen 18. Jahrhundert stand. Das heutige Gebäude wurde 1906 von Jelisaveta Načić,

Sonnenuhr am Anfang der Kralja-Petra-Straße

der ersten Architektin Serbiens, konzipiert. Auf seinem Hof fand 1923 das erste Basketballspiel in Belgrad statt, in dem William Wyland vom YMCA den ersten Ball in den Korb brachte.

Auf der anderen Straßenseite steht ein **moderner Wohnblock** (1951-53) , den Milorad Macura entwarf, einer der Vertreter der Architektur Le Corbusiers in Serbien. Bis 1938 stand hier das erste Hotel von Belgrad, „Kod jelena" (Zum Hirschen), das 1841 auf Anordnung von Fürst Mihailo anstelle des orientalischen *han* gebaut wurde. Das Hotel erstreckte sich über den gesamten Block und war damals bei weitem das größte Gebäude der Stadt.

Daneben erhebt sich das Gebäude der **Nationalbank** (*Narodna banka*), das 1889 nach den Plänen von Konstantin Jovanović im Stil der Neorenaissance errichtet und 1922 erweitert wurde. Darin befindet sich eine ständige **numismatische Ausstellung** (*Eingang Kralja Petra 12, Öffnungszeiten werktags von 10-16h*), die die Entwicklung des Metall- und Papiergeldes von der Antike bis heute erläutert. Sie wird im reich ausgeschmückten Schaltersaal der Bank gezeigt.

Gleich in der Nähe, mit der **Hausnrummer 16**, kann man eines der eindrucksvollsten Beispiele der Sezessionsarchitektur in Belgrad sehen. 1907 als modernes Warenhaus errichtet, folgte es den damals aktuellen konstruktionstechnischen Neuerungen: es besitzt große Fenster und Betonwände, an der Fassade ist Stahl als gestalterisches Element eingesetzt und im Inneren erstreckt sich der um das Treppenhaus zentrierte Raum ungebrochen über alle drei Stockwerke.

Die Kreuzung mit der Kneza Mihaila Straße hinter sich lassend, erreicht man zwei weitere Häuser im Stil des Art Nouveau aus dem Jahre 1907, **Nr. 39 und 41**. Das erstgenannte ist das einzige erhaltengebliebene Bauwerk des prominenten Belgrader Architekten Stojan Titelbah, die übrigen wurden zerstört oder verändert. Das andere, allgemein bekannt als „Haus mit den grünen Kacheln" (*Kuća sa zelenim pločicama*), ist die erstklassige Leistung des Architektenteams A. Stevanović-N. Nestorović.

Ihnen gegenüber steht der Stolz der modernen Belgrader Architektur – der **„Zepter" Palast**. Dieser Bau von Branislav Mitrović und Vasilije Milunović aus dem Jahr 1997 besticht durch die gewagte Komposition der Fassade und des Interieurs.

Grundschule „Kralj Petar I"

⓫ Französische Botschaft

Francuska ambasada

Im Jahre 1930, am Höhepunkt der französisch-jugoslawischen Allianz und Freundschaft, wurde

Neugestaltetes Interieur des Restaurants Tribeca

Eindrucksvolle Art Deco-Fassade der Französichen Botschaft.

parallel zur Enthüllung des Denkmals der Dankbarkeit an Frankreich das neue Gebäude für die französische Botschaft fertig gestellt. Es liegt an prominenter Stelle in der Pariska (Pariser) Straße und gilt als schönstes Beispiel des Art Deco in Belgrad. Das verblüffende weiße Bauwerk mit einem großzügigen Innenhof wurde nach den Plänen des französischen Architekten Espere und des Serben Najman errichtet. Die drei sich an den Händen haltenden Frauen am First personifizieren Freiheit, Gleichheit und Brüderlichkeit. Über den Fenstern im ersten Stock der Seitenflügel sind Hochreliefs mit Jeanne d'Arc und Louis XIV. zu sehen. Zur Rechten erstreckt sich einer der größten Innenhöfe in der Innenstadt, der begrünt und sogar mit einem Swimmingpool ausgestattet ist, einer der Gründe, warum das Botschaftsgebäude manchmal als „kolonial" betrachtet wird.

Nicht weit entfernt rechterhand steht die **Österreichische Botschaft**, die 1899 von dem Architekten Milorad Ruvidić für den angesehenen Kaufmann Dimitrije Krsmanović entworfen wurde. Gerade von seinem Studium in Berlin zurückgekehrt, setzte Ruvidić seine erworbenen Kenntnisse der nördlichen Neorenaissance und des Barock bei der Gestaltung des schmucken Gebäudes geschickt um.

Näher an der Kneza-Mihaila-Straße liegt mit der Nummer 14 die **Galerie des Museums für Zeitgenössische Kunst**, die immer wieder mit interessanten Ausstellungen überrascht.

Pensionäre spielen Schach im Park

Kafana „?" (Kralja Petra 6) – Diese Kafana von 1826 mit ihrer originalen Innenausstattung und einem langen Hof ist bei Eingesessenen und Fremden gleichermaßen beliebt.

Apropo (Cara Lazara 10) – Suchen Sie sich ein Buch aus und genießen Sie beim Lesen einen Tee Ihrer Wahl.

Coffee Dream (Kralja Petra 23) – Dieser Mikrokosmos feiner Düfte und Geschmäcker ist bei den Kaffeetrinkern Belgrads besonders beliebt.

Old Barbershop (Kralja Petra 23) – Gönnen Sie sich eine Rasur im alten Stil inklusive angewärmter Handtücher und Parfüm.

Black Turtle (Kosančićev venac 26) – Eine versteckte Bar mit Tischen im Freien und Livemusik am Abend.

Der Kalemegdan Park und die Festung

Die Festung und den sie umgebenden Park kann man als die Wiege Belgrads bezeichnen. Bis zum Bau der barocken Zitadelle im 18. Jahrhundert lag hier der Kern der Stadt. Auf dem steilen Hügel, der sich in strategisch günstiger Lage über die Mündung der Sava in die mächtige Donau erhebt, entstanden die ersten menschlichen Siedlungen. Die Thraker, die Römer und ihre Nachfolger, die Byzantiner, dann die Slaven, Bulgaren, Ungarn, Serben und schließlich die Türken, alle errichteten ihre Bauten an der selben Stelle. Später, gegen Ende des 17. Jahrhunderts, sollte sich das ändern: die Habsburger drängten durch Ungarn vor und die Frontlinie näherte sich wieder einmal der Stadt. Die neuen Waffen und Belagerungstechiken verlangten grundlegende Veränderungen und die mittelalterlichen Mauern mussten an neue Herausforderungen angepasst werden. Die Türken und nach ihnen - noch methodischer - die Österreicher zerstörten die alte ummauerte Stadt, lagerten die Wohnviertel nach Süden aus und bauten eine geräumige barocke Festungsanlage.

Dieser historische Ort ist heute eine der wichtigsten Sehenswürdigkeiten der Stadt. Die mächtigen Mauern, immer wieder von unterschiedlichen Zivilisationen zerstört und aufgebaut, sind eine perfekte Kulisse für den schön gestalteten Park mit vielen Denkmälern, von denen manche zu Symbolen Belgrads wurden. Die Hauptwege mit ihren Straßenverkäufern und Straßenkünstlern sind ein sehr beliebtes Ziel für einen unterhaltsamen Spaziergang und oft gedrängt voll von Kindern, Studenten, Liebespaaren oder älteren Leuten, die alle ihre bevorzugten Treffpunkte haben. Abseits des Trubels gibt es aber auch viele verborgene und einsame Orte zu entdecken und mehrere Museen und Galerien zu besichtigen.

1 Kalemegdan Park
2 Die Promenade
3 Römischer Brunnen
4 Der Sieger
5 Oberstadt
6 Unterstadt
7 Kunstpavillon „Cvijeta Zuzorić"
8 Galerie des Naturgeschichtlichen Museums
9 Militärmuseum
10 Glockentor und Glockenturm
11 Zoologischer Garten
12 Östlicher Zwinger
13 Die Kirchen Ružica und Sankt Petka

or des Despoten und Dizdar-Turm, östlicher Zwinger

❶ Kalemegdan Park

Der Kalemegdan Park liegt vor der Belgrader Festung. Der Name dieses schönen Parks leitet sich von zwei türkischen Wörtern ab. *Kale* bedeutet Burg und *meydan* Feld, und so könnte man ihn als „Burgfeld" oder „Feld vor der Burg" übersetzen. Genau das war dieser Ort auch, ein nacktes Feld zwischen den letzten Mauern der Burg und den ersten Häusern der Stadt, das keinen unbemerkten Zutritt erlaubte. Nachdem die Türken Belgrad 1867 verlassen hatten, wurde der Ort langsam in einen gepflegten Park mit vielen Bäumen voller zahmer Eichhörnchen umgestaltet, der durch seinen historischen Hintergrund und seine einzigartige Lage besticht.

„Der Kampf"

Gewöhnlich betritt man den Park von der Kneza Mihaila Straße aus, die direkt zur Hauptallee führt. Der Weg ist gesäumt von zahlreichen Denkmälern und Büsten aus der Zeit um die Wende vom 19. zum 20. Jahrhundert, die zu Ehren von Schriftstellern, Komponisten und anderen angesehenen Persönlichkeiten errichtet wurden. Eines davon ist ein weißes **Marmordenkmal**, das Fürst Mihailo zeigt, wie er 1867 vom türkischen Befehlshaber die Schlüssel zur Belgrader Festung entgegennimmt. Das Monument steht an der Stelle, an der aus Anlass dieses wichtigen Ereignisses die Tribüne für den Fürsten aufgebaut war. Tatsächlich wurde der serbische Fürst nur zum Wächter der Festung des Sultans ernannt und die serbische Fahne erschien gemeinsam mit der türkischen; trotzdem wurde der Abzug des letzten türkischen Soldaten aus Serbien mit einer dreitägigen Feier begangen.

Die Allee endet am monumentalen **Denkmal der Dankbarkeit an Frankreich** (*Spomenik zahvalnosti Francuskoj*). Enthüllt 1930, bezeugt es die Stärke des jugoslawisch-französischen Bundes zwischen den beiden Weltkriegen. Es wurde erbaut mit dem Geld serbischer Frankophiler, vor allem derer, die zur Zeit des Krieges aus Serbien geflohen waren und ihre Ausbildung in Frankreich absolviert hatten. Das Monument schuf der bekannteste Bildhauer des Jugoslawiens der Zwischenkriegszeit, Ivan Meštrović. Er zeigt Frankreich als kraftvolle weibliche Figur, die Serbien mit gezücktem Schwert zu Hilfe eilt. An den Seiten stellen zwei Reliefs die Aspekte der Hilfe dar: Waffen und Bildung. Rechts des Denkmals gelangt man zum **Karadjordje Tor** aus dem 18. Jahrhundert, das an den siegreichen Einzug des Anführers des Ersten Serbischen Aufstands 1807 erinnert. Hier wurde 1913 das erste Karadjordje-Denkmal errichtet. Es wurde leider zwei Jahre später von den österreichungarischen Okkupationsbehörden Behörden zerstört, die alles verboten, was mit der herrschenden serbischen Karadjordjević-Dynastie verbunden war.

Zur linken Seite des Denkmals befindet sich ein Springbrunnen mit der Figur eines idealisierten Fischers, der mit einer Schlange kämpft; die **„Der Kampf"** genannte Skulptur von 1906 stammt von Simeon Roksandić. Dieser Ort war der Mittelpunkt des städtischen Lebens um die Jahrhundertwende: die Plätze auf den Bänken waren angesehenen Familien vorbehalten, die

Die Holzbrücke zum Karadjordje-Tor

Später Nachmittag auf den Wällen der Belgrader Festung

hier Konzerte hörten und Walzer tanzten.

❷ Die Promenade

Die Hauptpromenade des Parks verläuft parallel zur Sava; sie beginnt mit einer Treppe gegenüber der Französischen Botschaft und führt zum Königstor. Von der Promenade aus können Sie einen fantastischen **Panoramablick** über Neu Belgrad und die südlichen Stadtviertel an der Sava genießen; besonders schön ist es abends, wenn ein Meer von Lichtern unter einem liegt. Dieser Ort wurde auch in der Vergangenheit viel gepriesen, nicht zuletzt von den Türken, die ihn den *Fikirbayir*, „den Hügel der Kontemplation" nannten.

Nach einem kurzen Spaziergang gelangen Sie zu einer großen **Freitreppe** aus weißem Marmor, mit der die Promenade 1926 verlängert wurde. Der Stein hat etwas von seinem Glanz eingebüßt, da er regelmäßig von Graffiti gereinigt wird. Rechts hinter der ersten Bastion der Festung befindet sich das Grab der Nationalhelden. Auf den Gräbern stehen die Büsten von Ivo „Lola" Ribar, Ivan Milutinović, Djuro Djaković und Moša Pijade (die ersten drei stammen von Stevan Bodnarov, letztere von Slavoljub Stanković), den „Helden der Revolution", die alle Mitglieder des Zentralkomitees der Kommunistischen Partei Jugoslawiens waren.

Achten Sie auf die Konstruktion der Mauern: Die Anlagen, die Sie vor sich sehen, sind aus der ersten Hälfte des 18. Jahrhunderts. Während die Türken einfach die weißen Steine aus den niedergerissenen Wallanlagen benutzten, setzten die Österreicher Ziegelsteine ein, um der mittelalterlichen Festung ein barockes Aussehen zu verleihen.

Nachdem sie mehrere kleinere Tore passiert, die in den verfallenen Teil der Burg führen, endet die Promenade mit dem **Königstor** (*Kralj kapija*). Die äußerliche Gestaltung im Stil eines dezenten Barocks rührt aus der Zeit der zweiten Habsburger Herrschaft über Belgrad. Im Inneren entdeckt man die typisch orientalischen Eselsrückenbögen. Durch das Tor gelangen wir in die Oberstadt, die letzte Verteidigungslinie der Zitadelle.

Unsterbliche Genossen

Der Titel des Nationalhelden war die höchste militärische Auszeichnung, die im sozialistischen Jugoslawien für „erwiesenen Mut und heldenhafte Führung im Kampf gegen den Klassenfeind" verliehen wurde. Die meisten, die mit diesem Orden bedacht wurden, waren Kämpfer, die im Krieg von 1941-45 fielen. Alle Träger des Ehrenzeichens, das auch an Einheiten und Organisationen vergeben wurde, mussten Mitglieder der Partei sein. Marshall Tito, der Führer Jugoslawiens auf Lebenszeit, wurde allein dreimal ausgezeichnet und damit zu einem Übermenschen stilisiert, der mindestens dreimal soviel wert ist, wie ein Normalbürger.

❸ Römischer Brunnen

Rimski bunar

Geöffnet während der Saison von 9-19h; Eintritt 53 Din

Gleich hinter dem Königstor liegt der Eingang zum sogenannten Römischen Brunnen. Auch wenn hier vielleicht ein Brunnen war, der von den Römern benutzt wurde, gibt es über ihn keine Angaben bis zu den Jahren 1721-31, als die Habsburger ihm sein heutiges Aussehen verliehen. Es handelt sich um eine Zisterne, die in den Fels geschlagen wurde, auf dem die Festung ruht, um im Falle der Belagerung die Versorgung mit Wasser zu sichern. Im Gegensatz zur landläufigen Meinung sammelt sich ausschließlich Regenwasser. Der Brunnen ist 62 Meter tief, das heißt er reicht ganze zehn Meter unterhalb das Niveau von Sava und Donau! Er ist aus Ziegeln gemauert und das Wasser, das auf 35 Meter Tiefe steht, ist über eine (für Besucher gesperrte) Treppe erreichbar, die sich auf der einen Seite hinab, auf der andern herauf windet. Die Legende besagt, dass sich hier ein geheimer Gang befindet, der unter der Sava hindurch bis nach Zemun führt. Die wahre Begebenheit, dass eine junge Frau hier von ihrem Liebhaber in den Brunnen gestoßen wurde und umkam, inspirierte Dušan Makavejev für seinen Film „Eine Liebesaffäre oder der Fall der vermissten Telefonistin" von 1967. Zum Zeitpunkt der Erstellung der vorliegenden Auflage war der Brunnen aufgrund von Umbauarbeiten für Besucher nicht zugänglich.

Sonnenuntergang auf dem Plateau am Sieger-Denkmal

❹ Der Sieger

Pobednik

Dieses Denkmal steht auf dem weitläufigen Plateau ganz am Ende des Bergrückens, auf dem Belgrad liegt. Von hier aus kann man eine herrliche **Aussicht** auf die Mündung der Sava in die Donau genießen: links sind die nördlichen Blocks von Neu Belgrad, die Kleine und die Große Kriegsinsel und der Gardoš zu sehen, die höchste Erhebung in Zemun. Geradeaus öffnet sich die Ebene des Banat und rechts steht das Sportzentrum „25.maj".

Hier befinden wir uns am Ursprung Belgrads: an diesem strategischen Punkt entstanden die ältesten Siedlungen und später auch die Festungen. Bis 1689 war hier die Zitadelle, der Kern der mächtigen Befestigungsanlage, die Despot Stefan Lazarević am Beginn des 14. Jahrhunderts errichtete. Während der Belagerung durch die Österreicher wurde das Pulverlager in einem der

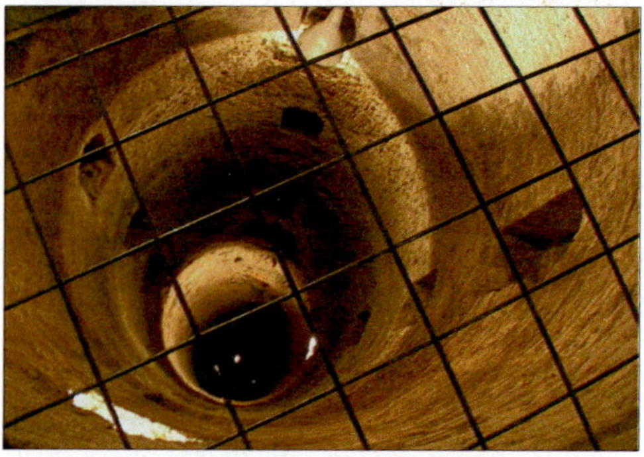

Ein Blick in die Tiefe des Römischen Brunnens

Herausgeber: JP "BeogradskaTvrdjava"

7 Kunstpavillon „Cvijeta Zuzorić"

Umetnički paviljon „Cvijeta Zuzorić"

Betritt man den Kalemegdan Park von der Uzun-Mirkova Straße aus, gelangt man zunächst auf eine breite gerade Straße, die zum Äußeren Istanbul-Tor führt. Diese Straße teilt den Kalemegdan in den Großen (*Veliki*, zur Linken) und den Kleinen Kalemegdan (*Mali*, zur Rechten), wobei diese Bezeichnungen nichts mit der tatsächlichen Größe zu tun haben. Der Große Kalemegdan wurde bereits im 19. Jahrhundert in einen Park umgestaltet, während der Kleine darauf bis 1913 warten musste.

Die Hauptattraktion des Unteren Kalemegdan Parks ist der **Kunstpavillon „Cvijeta Zuzorić"**. Er wurde 1928 als erste ständige Galerie der Stadt eröffnet und ist seitdem ein wichtiger Ort, an dem der Öffentlichkeit die unterschiedlichsten Autoren und Ausstellungen vorgestellt werden. Die Initiative, einen ständigen Ausstellungsort zu gründen, kam von dem Dramaturgen Branislav Nušić und wurde mithilfe von Spenden, die die ersten Damen der Stadt sammelten, realisiert. Benannt wurde er nach einer Dame aus dem Dubrovnik des 16. Jahrhunderts, deren Schönheit von Dichtern zu beiden Seiten der Adria besungen wurde. Vor dem Pavillon steht die Skulptur **„Die Erweckung"** von Dragoslav Arambašić, die ihn berühmt machte, als er zum ersten Mal 1920 in Paris ausstellte.

„Erwachen" vor dem Pavilion Cvijeta Zuzorić

Der Weg verengt sich und durch eine Passage mit Schießscharten für die Kanonen auf beiden Seiten erreichen Sie das **Äußere Istanbul-Tor**. Das Tor stammt von 1740, als die Osmanen die halb zerstörte Festung wieder aufbauten. Achten Sie auf die gut erhaltenen Türen aus Eichenholz mit Metallplättchen.

Der Charme der Renaissance

Cvijeta Zuzorić (1552-1648) war eine Adlige aus Dubrovnik, die für ihre außergewöhnliche Schönheit genauso wie für ihre Bildung und Intelligenz berühmt war. Sie schrieb Gedichte und die Tür ihres Hauses war immer für Künstler geöffnet. Cvijetas Persönlichkeit entsprach dem Frauen-Ideal der Renaissance, wie es von den Dichtern zu beiden Seiten der Adria vertreten wurde. Einer davon war Torquato Tasso, der ihrer Tugendhaftigkeit fünf Lieder und drei Madrigalen widmete, obwohl er sie in Wirklichkeit nie getroffen hatte.

8 Galerie des Naturgeschichtlichen Museums

Galerija Prirodnjačkog muzeja

Tel. 328-4317, Geöffnet im Sommer täglich 10-21h; im Winter 10-17h außer montags.

Die Galerie befindet sich in einem Haus, das von türkischen Posten benutzt wurde, die die beiden Tore zu seiner Rechten und Linken bewachten. Erstaunlicherweise zeigt das von den Türken 1835 errichtete Gebäude klassizistische Stilmerkmale auf.

Das Naturgeschichtliche Museum besitzt eine reichhaltige Sammlung von Mineralien, Fossilien, Pflanzen und Tierpräparaten, doch aus Platzmangel gibt es keine ständige Schau. Die Galerie nutzt ihre günstige Lage jedoch für attraktive Natur-Ausstellungen, die bei Eltern und Kindern gleichermaßen beliebt sind.

Die Rückseite der Galerie ist dem **Großen Revelin** zugewandt, einem V-förmigen Bollwerk hinter dem äußersten Mauerring. Während des Sommers dient der Revelin als perfektes Ambiente für abendliche Theateraufführungen.

Der Galerie gegenüber, flankiert von zwei mächtigen Bastionen, liegt das **Innere Istanbul-Tor**, das sein heutiges Aussehen in den Jahren von 1740-60 erhielt. Das imposante Tor ist aus strahlend weißem Stein gebaut und hat zwei Unterstände für die

Inneres Istanbul-Tor mit Glockenturm im Hintergrund

Wachen. Als markantestes Tor der Festung wurde es als Symbol für die gesamte „Weiße Stadt" in das Wappen Belgrads übernommen, das 1931 von dem Maler Djordje Andrejević-Kun entworfen wurde. Die Maueröffnungen im Inneren führen in vier Räume, die einst von den türkischen Torwachen benutzt

Fahne der Stadt Belgrad

wurden und heute als Info-Point der öffentlichen Firma „Belgrader Festung" fungieren. Dort findet der Besucher eine reichhaltige Auswahl an Souvenirs und Büchern über die Festung sowie elektronische Führer in 6 verschiedenen Sprachen.

9 Militärmuseum

Vojni muzej

Tel. 011/33-43-441
Geöffnet 10-17h außer Montags; Karte 100 Din (Erwachsene), 50 Din. (Kinder); www.muzej.mod.gov.rs

Das Museum steht auf der linken Bastion seitlich des Istanbul-Tors. Vor dem Gebäude und im Graben zwischen der Bastion und dem Glockenturm sind Panzer, armierte Fahrzeuge, Kanonen und anderes Kriegsgerät aufgebaut. Darunter befinden sich einige große Raritäten, wie der einzig erhaltene jugoslawische „Schwerpanzer" (*Teški tenk*), der 1950 dem sowjetischen „T-34" in nur fünffacher Ausführung nachgebaut wurde. Der deutsche „Panzer I F" ist einer von zwei erhaltenen weltweit und der polnische Kleinkampfwagen „TKS" mit leichter Armierung ist einer von dreien, die die Zeit überdauert haben.

Der imposante mittelalterlich wirkende Museumsbau stammt aus dem Jahre 1924 und passt sich gut in die Umgebung ein. Das Museum öffnete 1904 erstmals ganz in der Nähe, wurde aber während der beiden Weltkriege stark geplündert und 1961 in der heutigen Form wiedereröffnet. Seitdem hat sich - bedauerlicherweise oder zum Glück - nicht viel geändert: das Museum zeigt noch immer die alte Ausstellung, die der militärischen Entwicklung der jugoslawischen Völker gewidmet ist und sich vor allem mit der kommunistischen Partisanenbewegung im 2. Weltkrieg beschäftigt. Rechterhand des Haupteingangs befindet sich die Museumsgalerie, in der interessante Wechselausstellungen zu sehen sind.

Während der Saison sind die weitläufigen **Kasematten** unter der Bastion zu besichtigen, auf der das Militärmuseum steht (*geöffnet 9-21h*).

Militärmuseum in den Festungsmauern

Glockentor und Glockenturm bei Nacht

⑩ Glockentor und Glockenturm

Sahat-kapija i kula

Das **Glockentor** (*Sahat kapija*) ist von der Stadt aus gesehen der einzige Einlass in die ummauerte Oberstadt. Es stammt aus dem späten 17. Jahrhundert, als die Türken die Befestigungsanlage für die Verteidigung gegen Feuerwaffen erneuerten. Die Anlagen wurden von Andrea Cornaro gebaut, einem Venezianer im Dienste Österreichs, der nach der Wiedereinnahme Belgrads zu den Türken überlief. So war er sowohl für die österreichischen als auch für die türkischen Rekonstruktionsarbeiten an der Festung zuständig. Achten Sie darauf, dass die Mauern aus seiner Zeit mit Kanonenkugeln geschmückt sind. Links kann man noch gut erkennen, wo das Tor während der Zweiten Österreichischen Herrschaft über Belgrad (1717-39) stand, bevor es an die heutige Position verlegt wurde.

Mechanisches Uhrwerk im Glockenturm

Den **Glockenturm** (*Sahat kula*) auf seiner Spitze errichteten österreichische Bauherren im 18. Jahrhundert.

Auf der anderen Seite des Tores, neben der riesigen Kanone, befindet sich der Eingang zur **Ausstellung „Belgrader Festung"** (*Izložba "Beogradska tvrđava", momentan wegen Renovierung geschloßen*) in den Räumen des zugemauerten österreichischen Tors. Zeichnungen und Modelle vermitteln einen detaillierten Eindruck von der Entwicklung der Burg und veranschaulichen die Veränderungen der Anlagen über die Jahrhunderte hinweg. Außerdem gibt es einige römische Grabsteine und mittelalterliches Bauhandwerkszeug zu sehen, das hier ausgegraben wurde.

Ein paar Meter weiter links befinden sich die Überreste des mittelalterlichen Haupttors des Stadt, das an den Seiten von zwei Türmen geschützt wurde. Hier können Sie also dicht nebeneinander in der gleichen Mauer drei Tore aus verschiedenen Epochen sehen: Das türkische Glockentor, das österreichische und das mittelalterliche Tor sind beredte Zeugnisse der vielschichtigen Vergangenheit der Belgrader Festung.

Massiges Geschütz vor der Ausstellung „Festung Belgrad"

Freundschaft schließen im Zoo

11 Zoologischer Garten

Zoološki vrt

Tel. 011/2624-526, Geöffnet im Sommer 8-20h, im Winter 8-16.30, Eintritt 350 Din. (Erwachsene), 250 Din. (Kinder)

Geht man den Abhang in Richtung des Kleinen (*Mali*) Kalemegdan hinunter, gelangt man zum Tor des zoologischen Gartens. Er wurde 1936 gegründet und befindet sich noch immer an der ursprünglichen Stelle unterhalb der Festungsmauern, über die er aber längst hinausgewachsen ist. Die verfallenen Mauern waren perfekt, um die Tiere mit möglichst wenig Gitterstäben zu umgeben, wie es das damals hochgeschätzte Hagenbeck-System empfahl. 1941 wurde er von deutschen Bomben zerstört und die überlebenden Tiere streiften frei durch die Stadt. Während der internationalen Sanktionen 1993/94 waren die Tiere wegen der Lebensmittelknappheit stark unterernährt. Trotz einiger schwerer Krisen, die der Zoo überdauerte, war er immer bemüht, die Zahl und Artenvielfalt seiner Tiere zu vermehren. Wenn auch auf relativ engem Raum, leben in ihm über zweitausend Tiere aus zweihundert Arten. Der zoologische Garten ist sehr schön angelegt und besitzt eine Galerie mit Holzskulpturen, einen Springbrunnen und sogar Denkmäler zu Ehren seiner bekanntesten tierischen Bewohner.

12 Östlicher Zwinger

Istočni Cvinger

Dies ist der jüngste und gleichzeitig besterhaltenste Teil der mittelalterlichen Festungsanlage: er entstand Ende des 15. Jahrhunderts und besteht heute aus mehreren erhaltenen Türmen und Toren. Ein Zwinger war eine gemauerte Anlage, die an den verwundbarsten Stellen der Burg oder am Eingang zur Festung als zusätzlicher Schutz vor Angriffen hochgezogen wurde. Später, im 18. Jahrhundert, wurden darauf einfach neue Mauern aufgesetzt.

Nähert man sich dem Zwinger von der Seite des Zoologischen Gartens aus, trifft man zuerst auf das kleine barocke **Leopoldstor**, benannt nach dem Kaiser Leopold I. (1657 – 1705), während dessen kurzer Herrschaft über die Stadt (1688-90) es auch errichtet wurde. Achten Sie auf die Buchstaben „LP" in dem Zierrahmen über dem Tor, die für *Leopoldus Primus* stehen.

Gleich dahinter passiert man das mittelalterliche **Zindan-Tor**, das von zwei Türmen geschützt wird. Der Name des Tors bedeutet auf türkisch

Zindan-Tor mit Brücke

Tor des Despoten und Dizdan-Turm

„Kerker", was auch seine Funktion war, nachdem er seine Verteidigungsaufgabe im 18. Jahrhundert verloren hatte. Von den Plattformen seiner Türme aus eröffnet sich ein schöner Rundblick über die Donau und den Stadtteil Dorćol.

Hinter dem Zindan-Tor liegt das **Tor des Despoten** aus dem frühen 15. Jahrhundert, das einzige aus dem Mittelalter, das sein ursprüngliches Aussehen bewahrt hat. Direkt daneben steht der hohe **Dizdar-Turm** aus der gleichen Zeit, in dem heute eine Abteilung des Belgrader Observatoriums untergebracht ist. Von seiner Spitze aus haben Sie einen guten Überblick über einen Großteil der Festung und die beiden Flüsse.

Rechts des Zindan-Tors führt ein kurzer Weg zwischen den Steinmauern zum sechseckigen **Jakšić-Turm**. Dieser vierstöckige Turm liegt genau an der Biegung des Zwingers und hat an allen Außenseiten Schießscharten für Kanonen, die bewegt werden konnten, um in alle Richtungen zu feuern. Der Name des Turms stammt von den Brüdern Jakšić, serbischen Feudalherren im mittelalterlichen Ungarn und berühmten Helden aus der serbischen Epik. Der Turm wurde 1937 rekonstruiert und heute gibt es hier ein Café mit einer wunderbaren Aussicht über die Donauseite der Stadt.

Jakšić-Turm im Frühling

⓭ Die Kirchen Ružica und Sankt Petka

Crkve Ružica i Sveta Petka

Schön gelegen und von Mauern abgeschirmt befinden sich zwei schöne Kirchen. Die **Ružica Kirche** mit dem spitzen Glockenturm direkt an der Mauer ist nach einer nicht mehr existierenden Belgrader Kirche aus dem Mittelalter benannt. Das heutige Gebäude war ursprünglich eine türkische Pulverkammer und wurde nach deren Abzug 1867 den Bedürfnissen der serbischen Garnison entsprechend umgebaut. Im 1. Weltkrieg schwer beschädigt, wurde der Bau 1924 rekonstruiert und noch besser in seine mittelalterliche Umgebung eingepasst. Am Eingang stehen Statuen serbischer Soldaten aus dem Mittelalter und dem 1. Weltkrieg. Da es sich um eine Militärkirche

Soldatenstatuen vor der Ružica Kirche

Die mit Efeu überwucherte Ružica-Kirche im Frühling

handelte, ist der von der Decke herabhängende Leuchter, das Polyelaion, aus Säbeln und Patronenhülsen gearbeitet. Auf den Fresken von Andrej Bicenko (einem russischen Emigranten) sind neben biblischen Szenen auch einige zeitgenössische Persönlichkeiten wie der russische Zar Nikolaj II., die serbischen Könige Petar I. und dessen Sohn Aleksandar und der Staatsmann Nikola Pašić dargestellt (alle in der Komposition „Das Gebet im Garten von Gethsemane"). Die Ikonostasis ist das Werk des Malers und Mönchs Hl. Rafail Momčilović, der 1941 von kroatischen Faschisten getötet wurde.

Unterhalb des Jakšić-Turms, wo die Mauer eine Biegung macht, befindet sich das **Beinhaus** der serbischen Soldaten, die in den schweren Kämpfen um Belgrad 1914/15 fielen.

Gleich unterhalb steht die **Kapelle der St. Petka** (in Serbien ist *Sveta Petka* der volkstümliche Name für die Hl. Mutter Paraskeva). Sie wurde 1938 über einer wundertätigen Quelle gebaut, von deren Wasser man glaubt, dass es vor allem unfruchtbaren Frauen hilft. Sie versammeln sich hier am Tag der Kirchenschutzheiligen (27. Oktober) in großer Zahl. Die Reliquien der Hl. Petka wurden 1403 hierher gebracht, als Belgrad zur neuen Hauptstadt bestimmt wurde. Als die Türken 1521 alle Belgrader Serben in Gefangenschaft nahmen, schafften sie die Reliquien nach Istanbul fort. Heute befinden sie sich in Jassy in Rumänien.

Die Kuppel der St. Petka-Kapelle

Kalemegdanska terasa (Mali Kalemegdan 7) – Trendiges Restaurant mit Terrasse, die eine traumhafte Aussicht über die Unterstadt der Kalemegdan bietet.

Pobednik (rechts des Königstors) – Entspannte Atmosphäre zwischen zwei Festungsmauern und ein schöner Blick auf die Sava und Neu-Belgrad sind die Hauptattraktionen dieses Cafés.

Dorćol

Dorćol heißt das Viertel der ehemals ummauerten Stadt, das sich vom Studentski trg zum Donauufer hinunterzieht. Die Skadarska Straße, Mittelpunkt des berühmten Künstlerviertels Skadarlija, bildet seine südliche Grenze und verläuft entlang der Linie des Grabens, der der ehemaligen Stadtmauer vorgelagert war. Teile von Dorćol, die näher am Kalemegdan Park liegen, waren schon im Mittelalter bewohnt, doch aus dieser Zeit ist nichts erhalten, denn es kam zu großen Veränderungen. Zuerst stellte das Viertel mit seinen Bazaren, Karawansereien und zahlreichen Moscheen den Kern des türkischen Belgrads dar. 1718-39 dann ebneten die Österreicher fast alles ein und bauten das deutsche Viertel auf, das mit Einwanderern aus den deutschen Ländern besiedelt wurde. Als die Türken zurückkehrten, hatten sie wenig Erbarmen mit den barocken Palästen und verschonten nur ein paar Gebäude. Ein unverkennbares Erbe der kurzen Herrschaft der Habsburger ist das rechteckige Straßennetz, das für diesen Teil Belgrads charakteristisch ist. Eine dieser Kreuzungen, wo die Kralja Petra auf die Cara Dušana Straße trifft, wurde von den Türken *Dort yol* – „Vier Straßen" (also Kreuzung) genannt, daher der Name für das ganze Viertel. Nach dem Abzug der Türken verschwanden auch ihre Spuren bis auf die einzige Moschee der Stadt und ein paar orientalische Häuser und Dorćol wurde zu einem ruhigen Wohnviertel.

Heute ist das Obere Dorćol (westlich der Cara Dušana Str.) einer der Brennpunkte der Belgrader Clubszene und des Nachtlebens und es gibt jede Menge Cafés, Bars und kleinere Clubs. Am berüchtigsten ist die Strahinjića Bana Straße, in der sich eine modische Bar an die andere reiht und deren weiblichen Gästen sie den Spottnamen „Silicon Valley" zu verdanken hat. Am Rand von Dorćol befindet sich die Skadarlija mit einigen der ältesten und authentischsten kafanas und Biergärten, die bis in die späte Nacht voller Leben sind.

1 Studentenplatz

2 Galerie Petar Dobrović

3 Ethnografisches Museum

4 Jüdisches Historisches Museum

5 Freskengalerie

6 Bajrakli Moschee

7 Vuk und Dositej Museum

8 Haus des Heiligen Sava

9 Kino „Rex"

10 St. Alexander Nevski Kirche

11 Francuska Straße

12 Skadarlija

Detail im Stil der Sezession in der Francuska Straße

❶ Studentenplatz

Studentski trg

Diese große Fläche mitten in der Stadt blieb frei, weil die Türken sie als Friedhof benutzten. Später verfiel der Friedhof und 1827 entstand ein großer Marktplatz auf dem Gelände. Während die Türken in der Stadt lebten, war jeder Versuch, die Fläche in Ordnung zu bringen, vergeblich. Obwohl viele hübsche Häuser um den Platz empor wuchsen, war der Markt noch immer ein schlammiges Feld, auf dem die Leute ihre Waren auf dem Boden verkauften. Nachdem die Türken Serbien verlassen hatten, wurde die Nordhälfte des Platzes in einen Park umgestaltet, der 1927 schließlich den Markt aus dieser erstklassigen Lage verdrängte.

Im Park stehen **drei Denkmäler**. Das des Botanikers Josif Pančić (1814-1888) aus dem Jahr 1897 auf der Nordseite ist das älteste. In der Mitte steht das jüngste, das den Geographen, Ethnografen und Anthropologen Jovan Cvijić (1865-1927) zeigt, eine Arbeit des Bildhauers Oto Logo von 1995. Die letzte ist die Skulptur von Dositej Obradović (1739-1811) von Rudolf Valdec von 1914, die den großen Pädagogen in lebhafter Pose mit Wanderstab und Hut darstellt, die ein Symbol seiner zahlreichen Reisen durch Europa sind.

An der unteren Seite des Platzes, an der Ecke zur Višnjićeva Straße, steht das **Grabmal von Scheich Mustafa** (*Šejh-Mustafino turbe*). Dieses sechseckige Gebäude aus dem Jahre 1783 stand einst im Komplex der Derwischloge, der Sheikh Mustafa von Bagdad (das am anderen Ende des Osmanischen Reiches lag) vorstand. Den Rest der unteren Seite des Platzes besetzt das riesige und brutal wirkende Gebäude der **Naturwissenschaftlichen Fakultät** (1961). Vor 1944 stand hier die *Glavnjača*, das Polizeihauptquartier von Belgrad, in dem die Deutschen und ihre Kollaborateure während des 2. Weltkriegs viele Patrioten folterten und hinrichteten.

Dositej-Obradović-Denkmal

Das erste prominente Gebäude an der Oberseite des Platzes ist die **Kolarac Stiftung** (*Kolarčeva zadužbina*), gewöhnlich einfach „Kolarac" genannt. Es gibt eine Galerie, einen Saal für Lesungen und einen Konzertsaal, dessen hervorragende Akustik dem musikalisch gebildeten Architekten Petar Bajalović zu verdanken ist, der den Bau 1932 errichtete. Seit seiner Eröffnung hat das „Kolarac" viele turbulente Aufführungen erlebt. Der bei weitem größte Zwischenfall ereignete sich 1947, als das Orchester des Radio Ljubljana das Repertoire von Glenn Miller aufführte, der bei dem noch sowjetisch orientierten Regime unbeliebt war und deswegen nirgends gehört werden konnte. Die Polizei versuchte die große Menge der Konzertbesucher zurückzuhalten, doch es gelang ihr nicht: Straßenfenster gingen zu Bruch und viele Menschen wurden verletzt, als sie den Konzertsaal stürmten. Nach dem Konzert wurden viele der Herausströmenden geprügelt oder verhaftet. Ein paar Jahre später, nach dem Bruch mit der Sowjetunion und der Einführung eines gemäßigteren kommunistischen Kurses, tourten jugoslawische jazz Musiker mit enormem Erfolg durch die Länder hinter dem Eisernen Vorhang. Während der 1960er war das Kolarac ein wichtiges musikalisches und kulturelles Zentrum und weltberühmte Namen wie Strawinsky oder Schostakowitsch traten hier auf.

Daneben steht das so genannte **Neue Gebäude der Universität Belgrad** (P. Gačić, 1923-27), in dem die Philologische, Biologische und Geographische Fakultät untergebracht sind und das immer von Studenten wimmelt.

Njegoš-Statue auf dem Akademski Plato

Vorderansicht des Kapitän-Miša-Baus

Die obere Seite wird dominiert von dem rot-weißen **Kapitän-Miša-Bau** (*Kapetan-Mišino zdanje*). Miša Anastasijević war ein Kaufmann, der mit Handelsgeschäften auf der Donau zu großem Reichtum kam (daher „Kapitän"). 1857 wurde klar, dass die Herrschaft des Fürst Aleksandar nicht mehr lange dauern würde und so brach Miša mit dem Fürst und beschloss, einen Palast für dessen Neffen und seinen Schwiegersohn, Djordje Karadjordjević, zu bauen, den er zum neuen Herrscher Serbiens machen wollte. Dieser Plan schlug jedoch fehl und der Palast, der 1863 als größtes Gebäude Serbiens fertig gestellt wurde, verlor seine Bestimmung. Nachdem seine Tochter es ablehnte, darin zu leben, entschied er, den Bau dem Staat zu stiften. Während der folgenden 50 Jahre beherbergte er, oft gleichzeitig, fast alle grundlegenden Kultur- und Bildungseinrichtungen wie die Universität, das Nationalmuseum, die Nationalbibliothek, das Gymnasium und das Bildungsministerium. Schritt für Schritt zogen diese Institutionen in neue Gebäude und überließen den Bau der Universität Belgrad, die hier ihr Rektorat hat. Die Architektur des Palasts im Stil der Romantik ist geprägt von einer Mischung verschiedener Einflüsse, insbesondere aus der Renaissance und der venezianischen Gotik. An der Spitze des Gebäudes befindet sich ein gläserner Ausguck, der einst von den Feuerwehrleuten benutzt wurde. Wurde von diesem hohen Punkt aus Rauch bemerkt, alarmierte der Feuerwehrmann die Feuerschutzbrigaden, die an der Nordseite des Platzes untergebracht waren.

In der mit Säulen versehenen Eingangshalle hängen vier Gedenktafeln mit den Namen der Studenten der Universität Belgrad, die im 1. Weltkrieg getötet wurden. 1968 war dieses Gebäude das Zentrum des Studentenprotests gegen die Korruption der kommunistischen Gesellschaft (*Siehe Kasten*). Damals wurde die Universität in „Rote Universität ‚Karl Marx'" umbenannt und war mit Bildern von Marx, Che und Tito dekoriert.

Links schließt sich dem Kapitän-Miša-Bau das neue Gebäude der Philosophischen Fakultät an (Svetislav Ličina, 1974). Auf dem quadratischen Platz zwischen den beiden Gebäuden, der gewöhnlich „das Plateau" (Plato) genannt wird, steht das **Denkmal von Petar II. Petrović Njegoš** (1813-1851), der Fürstbischof von Montenegro war und zu den größten serbischen Dichtern zählt. Das Plateau war der Anfangspunkt vieler Studentenproteste. Am berühmtesten sind die vom Winter 1996/97, die vier Monate dauerten und sich gegen den Wahlbetrug des Milošević-Regimes bei den örtlichen Wahlen richteten.

Sechs Tage im Juni 1968

Ein unerwartet brutaler Polizeieinsatz als Reaktion auf einen kleinen Zwischenfall in der Studentenstadt in Neu Belgrad am Abend des 2. Juni war der Funke an dem sich die Unruhen entzündeten. Am nächsten Morgen, als die wütenden Studenten versuchten, das Stadtzentrum zu erreichen, schlug die Polizei ein weiteres Mal zu und vermittelte damit eine klare Botschaft. Es folgten fünf aufregende Tage, die Studenten sperrten sich in den Universitätsgebäuden ein und die Polizei und der Staatssicherheitsdienst verhinderten jeden Kontakt mit der Außenwelt. Die Protestierenden bemängelten das fehlende Recht auf freie Meinungsäußerung, attackierten die Bürokratie, die „Herzoge des Sozialismus" und die „Rote Bourgeoisie", wurden aber von den Medien und den Politikern ignoriert. Am Ende wandte sich Tito als unanfechtbare Autorität des Staates ans Volk, behauptete, er habe die Situation falsch eingeschätzt und die Studenten seien im Recht und erklärte, dass er sich selbst um gerechtere Reformen kümmern werde. Die naiven Studenten waren erfreut und beendeten ihre Proteste mit einer Feier. Kurz nachdem die gefährlichen Unruhen vorüber waren, rechnete das System in aller Ruhe mit den Führern des Protestes ab. Überflüssig zu erwähnen, dass die Probleme ungelöst blieben.

2 Galerie Petar Dobrović

Galerija Petra Dobrovića

Kralja Petra 36/IV; Tel. 262-2163; geöffnet Fr, Sa, So 10-17h; Eintritt frei

Die Galerie befindet sich im **Gebäude des Aero Clubs** (Vojin Simeonovć, 1934), einem denkwürdigen Bau im Stil eines modernisierten Akademismus. Um hinein zu gelangen, klingeln Sie bei „ГАЛЕРИЈА Добровић" und nehmen Sie den Aufzug in den vierten Stock.

In der ehemaligen Atelierwohnung des Künstlers befinden sich 125 Gemälde von Dobrović. Die Ausstellung wechselt von Zeit zu Zeit und zeigt verschiedene Themen und Einflüsse im Werk dieses außerordentlichen Malers, der vor allem für seine ausdrucksstarken Farben bekannt ist und ein einflussreicher Expressionist war.

Petar Dobrovićs Leben ist so fesselnd wie seine Bilder. 1890 in Pecs, Ungarn, geboren, wurde er in Budapest ausgebildet und dort begann seine Karriere. Am Ende des 1. Weltkriegs kehrte er in seine Heimatstadt zurück und 1921 wurde er Präsident der serbisch-ungarischen Republik von Baranya-Baja, die sich eine Weile idealistisch dem Versailler Vertrag entgegenstellte, weil sie kein Teil von Ungarn werden wollte. Nachdem die Republik keinen Bestand hatte und Dobrović zum Tode verurteilt wurde, floh er nach Jugoslawien. Hier begann er wieder zu malen, erst kubistisch und später expressionistisch. Den Rest seines Lebens verbrachte er meist in Dalmatien, dessen kräftige leuchtende Farben seine Malerei inspirierten.

Volkstrachten im Ethnographischen Museum

3 Ethnografisches Museum

Etnografski muzej

Studentski trg 13; Tel. 011/32-81-888; geöffnet Di-Sa 10-17h, So 9-14, montags geschlossen; Eintritt 150 Din, Kinder frei; www.etnografskimuzej.rs

Das Museum liegt in einem sehenswerten modernistischen Gebäude, das 1934 für den Börsenhandel fertig gestellt wurde, der hier bis 1941 seinen Sitz hatte. Nach dem Krieg, während der Planwirtschaft des kommunistischen Regimes, wurde die Börse nicht mehr gebraucht und so zog hier 1951 das Museum ein.

Die attraktiv gestaltete ständige Ausstellung in einem Teil des Erdgeschosses und im ersten und zweiten Stock zeigt anhand vieler originaler Gegenstände, Fotos und Modelle das Leben und Brauchtum der Serben. Im Erdgeschoss finden interessante Themenausstellungen statt.

4 Jüdisches Historisches Museum

Jevrejski istorijski muzej

Kralja Petra 71a (Unterer Eingang), Tel. 26-22-634, geöffnet Mo-Fr 10-17h, Eintritt frei

Das Museum befindet sich in dem beeindruckenden Bau der Union der Jüdischen Gemeinden Jugoslawiens, der 1928 nach den Plänen des jüdischen Architekten Samuilo Sumbul in neoromaneskem Stil errichtet wurde. Wenn Sie das Museum besuchen wollen, müssen Sie sich mit dem Sicherheitsdienst absprechen und eine Identifikation hinterlassen.

Die permanente Ausstellung ist sehr veraltet und wurde seit ihrer Eröffnung 1969 nicht verändert. Sie zeigt noch immer das Leben der Juden im ganzen sozialistischen Jugoslawien in einer Zeitspanne von der Antike bis in die Zeit

Stilleben von Petar Dobrović

Juden lebten bereits in römischer Zeit auf dem Balkan, sie siedelten aber während der barbarischen Invasionen um. Eine beträchtliche Anzahl jüdischer Händler lebte im Ungarn des Mittelalters und damit auch in Belgrad, aber die Zahl der Juden wuchs erst deutlich, als die sephardischen Juden 1492 aus Spanien vertrieben wurden und sich im Osmanischen Reich niederließen, das religiöse Toleranz und gute Möglichkeiten für Handwerk und Handel versprach. Die sephardischen Juden bewohnten die Donauviertel von Belgrad, den Kern der orientalischen Stadt. Wegen der intoleranten Politik der Habsburger im 18. Jahrhundert und der häufigen Kriege mussten die meisten Juden die Stadt verlassen. Die aschkenasischen Juden aus Mitteleuropa kamen nach der erneuten Etablierung des serbischen Staates im 19. Jahrhundert nach Belgrad. Obwohl die allgemeinen Beziehungen mit den Serben gut waren, bekamen die Juden erst 1878 alle Bürgerrechte. Seitdem integrierten sich die meisten Juden gut und spielten im politischen und sozialen Leben eine wichtigen Rolle. Beinahe alle der 12.000 Belgrader Juden fielen dem Holocaust zum Opfer und ihre Gemeinde zählt heute nur ein paar hundert Mitglieder.

nach dem 2. Weltkrieg. Die interessantesten Ausstellungsstücke sind religiöse Kunst, eine ethnografische Sammlung von Gegenständen, die mit jüdischen Feiertagen in Verbindung stehen und handgemachte Objekte aus Konzentrationslagern. Leider gibt es nur wenige Erläuterungen in englischer Sprache.

Jüdisches Historisches Museum

5 Freskengalerie

Galerija fresaka

Cara Uroša 20; Tel. 011/2621-491; geöffnet 10-17h außer Do 12-20h und So 10-14h, Eintritt frei

Von 1904 bis zur Zerstörung durch die Nazis 1944 stand hier die neue sephardische Synagoge „Beth Yisrael". Die Grundfesten der Synagoge legte König Petar, der sich für eine tolerante Politik und die Gleichstellung der Juden in Serbien einsetzte.

Das heutige Gebäude wurde nach dem 2. Weltkrieg in einer so genannten „Arbeitsaktion der Jugend" (*omladinska radna akcija – ORA*) als Gemeindekulturzentrum errichtet. 1953 wurde es umgebaut, um die Kopien von Fresken aus mittelalterlichen serbischen Klöstern aufzunehmen, die einige Jahre zuvor für eine sehr erfolgreiche Ausstellung in Paris angefertigt worden waren. Die Gründung dieser Galerie bezeichnete einen deutlichen politischen Wandel vom strikten Dogmatismus der stalinistischen Ära und der proletarischen Kunst hin zu einer Lockerung der strengen Beschränkungen, die Religion und Tradition auferlegt waren. Seitdem widmet sich die Freskengalerie dem Kopieren und Restaurieren mittelalterlicher Fresken.

Es sind die Kopien einiger weltbekannter Fresken zu sehen, viele von ihnen stammen aus Klöstern, die von der UNESCO zum Weltkulturerbe erklärt wurden. Sie geben Einblick in das religiöse Leben und in die Ideenwelt des Mittelalters und ihre Ikonographie und zeigen das meisterhafte Können der anonymen Künstler. Obwohl die Besichtigung

Saal in der Freskengalerie

der Galerie den Besuch eines richtigen Klosters nicht ersetzen kann, hat sie ihre Vorteile, denn viele der Gemälde stammen aus entlegenen Kirchen oder befinden sich in dunklen Ecken. Die Freskengalerie ist ein guter Anfang, um etwas über die orthodoxe Religion und ihre Kunst zu lernen. Kommen Sie an einem Werktag, haben Sie vielleicht die Gelegenheit, Studenten der Schule für Restauration „Diana“ bei ihrer vorsichtigen und akribischen Arbeit beobachten zu können.

Vuk & Dositej-Museum im traditionellen türkischen Stil

6 Bajrakli Moschee

Bajrakli džamija

Belgrads einzige erhaltene Moschee ist heute der älteste sakrale Bau der Stadt. Der bescheidene Bau im klassischen Stil der osmanischen Provinzarchitektur wurde zwischen 1660 und 1688 mit einer Spende des Kaufmanns Hajji-Alija errichtet. Der Name rührt von ihrem Zweck her: da sie an prominenter Stelle im Zentrum des türkischen Stadtteils stand und von allen anderen Moscheen aus sichtbar war, bestimmte sie den genauen Zeitpunkt zum gemeinsamen Gebet. Wenn der *muvekit*, der Spezialist, der den richtigen Augenblick zum Gebet errechnete, entschied, dass es Zeit sei, wurde die Fahne (türkisch: *bayrak*) an der Spitze des Minaretts gehisst.

Die Bajrakli Moschee hat eine schwere Geschichte. In der Zeit der zweiten österreichischen Herrschaft über Belgrad wurde sie in eine Jesuitenkirche umgewandelt und das Minarett abgerissen. Als die Türken Belgrad verließen, wurde sie wie alle anderen Moscheen geschlossen, denn es gab keine Muslime mehr in der Stadt. Die Bajrakli Moschee ist die einzige, die 1893 wieder geöffnet wurde und so überlebte. Nachdem der Bürgerkrieg in Jugoslawien ausbrach, wurde sie einige Male von Extremisten angegriffen, glücklicherweise aber nicht ernsthaft beschädigt.

Die einzige Moschee in Belgrad

7 Vuk und Dositej Museum

Muzej Vuka i Dositeja

Gospodar Jevremova 21; Tel. 011/2625-161; geöffnet Di, Mi, Fr, Sa 10-17h, Do 12-20h, So 10- 14h; Eintritt 100 Din., Studenten und Kinder 50 Din, sontags kostenlos.

Obwohl Vuk Stefanović-Karadžić und Dositej Obradović (*Siehe S. 45*) verschiedenen Generationen angehörten, hatten beide das gleiche Ziel: Serbien mittels Bildung und Aufklärung näher an Europa zu bringen. Dositej kämpfte gegen das Bildungsmonopol der Kirche und verbreitete die Philosophie des Rationalismus, während Vuk sein Leben der Alltagssprache der Bauern widmete, deren Schönheit er der Welt, aber auch der serbischen Elite zeigte und die er als Standard für die Literatursprache durchsetzte.

Das Gebäude des Museums stammt aus der Mitte des 18. Jahrhunderts. Es wurde für einen reichen Belgrader Türken, der vielleicht sogar der Kommandant der Festung war, in einem Stil errichtet, der entstand, als immer mehr europäische Einflüsse in das geschwächte Reich eindrangen. Während des Ersten Serbischen Aufstands (1804-1813) hatte hier die „Große Schule", die höchste Bildungseinrichtung in Serbien, ihren Sitz. Ihr Gründer und Direktor war Dositej Obradović und einer ihrer Schüler war Vuk Karadžić. Das Erdgeschoss ist Leben und Werk von Dositej gewidmet, der erste Stock dem von Vuk. Unter den Ausstellungsstücken sind die ersten Ausgaben ihrer Bücher, Korrespondenzen und einige persönliche Gegenstände.

Hinter dem Museum sehen Sie das Božić-Haus, das 1836 für den wohlhabenden Kaufmann Miloje Božić gebaut wurde, wie es in kyrillischer Schrift „18 M. Г. Б. 36" im Tympanum über der Tür geschrieben steht. Das typisch balkanische symmetrisch angelegte Haus ist mit rudimentärer neoklassizistischer Ornamentik verziert. Im späten 19. Jahrhundert hatte die Polizeistreife, die nach Anbruch der Dunkelheit für die Sicherheit auf den Straßen zuständig war, hier ihr Quartier. Später, von 1920 an, war hier die Wohnung und das Atelier des Bildhauers Toma Rosandić; in seiner Nachfolge arbeiteten noch einige andere Künstler hier und der Ort wurde als „das Kunsthaus" bekannt. Seit 1951 ist hier das **Museum der Darstellenden Künste** (*Tel. 2626-630, geöffnet Mo-Sa 9-14h*) untergebracht, aber da das Haus so klein ist, gibt es nur temporäre Ausstellungen.

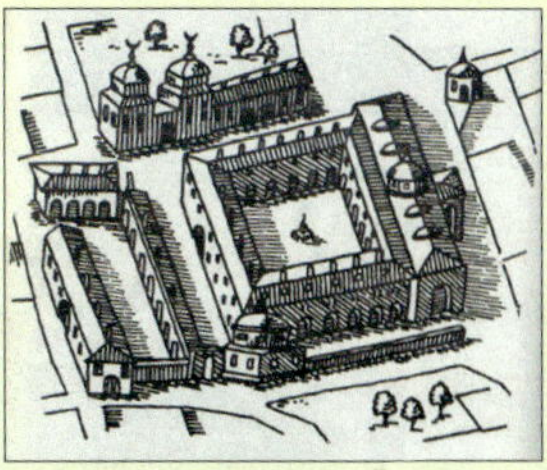

Die Schichten der Belgrader Vergangenheit

Die Geschichte des Ortes, an dem das Haus des Hl. Sava steht, ist wirklich bemerkenswert und spiegelt die verworrenen Wege der VergangenheitBelgrads. Bis zur Mitte des 16. Jahrhunderts stand hier eine Kirche, die wegen der neuen Abgaben verkauft werden musste und schließlich abgerissen wurde. Die Steine dieser und anderer christlicher und jüdischer Gotteshäuser, die das gleiche Schicksal erlitten kaufte Mehmed-Pasha Soccoly und errichtete damit seine Karawanserei. Sie wurde 1578 fertig gestellt und war das größte Gasthaus der Stadt mit einem angeschlossenen Handelszentrum und einem großen Innenhof mit einem Brunnen in der Mitte. Als die Österreicher die Stadt jedoch 1718 übernahmen, wandelten die die Karawanserei in das Quartier des Gouverneurs von Serbien um und gestalteten es im Stil des Wiener Barock. Darin lebten so prominente Aristokraten wie der Prinz von Württemberg und einige Zeit Eugen von Savoyen. Als die Türken zurückkehrten wurde das europäisch aussehende Gebäude in Brand gesteckt und dem Verfall überlassen. Im 19. Jahrhundert blieben nur von kleinen türkischen Geschäften umgebene Mauern übrig. Für Passanten eine Gefahr, wurden sie schließlich abgerissen und machten Platz für das Sankt Sava Zentrum.

8 Haus des Heiligen Sava

Dom Svetog Save

Das Haus der Heiligen Sava Gesellschaft steht gegenüber der Rige od Fere Straße. Während der 1870er verbreiteten die Bulgaren und Griechen unter der Bevölkerung der osmanischen Provinzen - vor allem in Mazedonien – Kultur- ind Bildungs-Propagandawerke und gewannen mehr und mehr Einfluss auf die lokalen Christen. Die Sankt Sava Gesellschaft wurde 1888 als serbische Antwort auf

Innenansicht des Vuk & Dositej-Museums

Supermarket (Višnjićeva 10) – Abgefahrenes Design, dieses Konzept verbindet Shop, Gastronomie mit Mode und Design.

Smokvica (Kralja Petra 73) – Mit Feige und Palme am Eingang ist diese kleine Terrasse mit maritime Flair der perfekte Ort zum relaxen bei einem Getränk und Snack.

Elixir Vitamin Bar (Kralja Petra 42) – Alle Früchte und Vitamine die dein Herzt schneller schlagen lassen in delikaten Smoothies und frisch gepressten Säften.

Ventil (Kapetan Mišina 10) – Ein kleiner Keller mit Ziegelgewölbe und altmodischer Einrichtung ist der Ort, um Einheimische kennen zu lernen.

Ptica (Ecke Cara Uroša und Gospodar Jevremova Str.) – Gelegen in einem winzigen alten Haus mit großem Hinterhof bietet Belgrads bester Jazz-Club jeden Abend Livekonzerte oder zumindest Jam-Sessions.

Neues Gebäude des St.Sava-Hauses in der Cara-Dušana-Straße

diese Aktionen etabliert, mit der Hauptaufgabe, zukünftige serbische Lehrer im Osmanischen Reich auszubilden.

Im darauffolgenden Jahr wurde das Zentrum von Jovan Ilkić gebaut, der sich für den neobyzantinischen Stil des Wiener Architekten Teophil Hansen entschied. Achten Sie auf das Wappen der „Serbischen Länder" über den Fenstern des ersten Stocks. Der dritte Stock wurde 1924 nach dem Entwurf von Petar Bajalović im Zuge der Arbeiten an dem benachbarten Wohnblock hinzugefügt. Dieses Eckhaus gehörte der gleichen Gesellschaft und wurde in einer Mischung historischer Stile gestaltet, die an mittelalterliche serbische Architektur erinnern sollte.

Das Haus in erbärmlichem Zustand in der **Cara Dušana Str. 10** ist das älteste Wohngebäude von Belgrad. Es wurde 1724 für Elias Fleischmann, Riemenschneider und Mitglied des Stadtrats, gebaut und stand an der Hauptstraße des deutschen Viertels. Von seinen barocken Verzierungen ist heute nichts mehr erhalten.

9 Kino „Rex"

Die Jevrejska (Jüdische) Straße war die Hauptstraße des Jüdischen Viertels, das am Rand der mittelalterlichen Stadt entstand, als am Ende des 16. Jahrhunderts die Juden von der Heiligen Inquisition aus Spanien vertrieben wurden und sich hier ansiedelten. Ungewöhnlich für Belgrad ist, dass die Straße noch immer der Route von damals folgt und ihr Name nur kurz während der Besetzung durch die Nazis geändert wurde. Das Haus Nr. 26 ist ein Werk des jüdischen Architekten Samuilo Sumbul von 1923 und beherbergte die jüdischen Wohlfahrtsorganisationen „Oneg Shabbat" und „Gemulat Hasidim". Die verfallene asymmetrische Fassade war mit orientalischen Ornamenten geschmückt. Die zentrale Halle diente nicht nur für gesellschaftliche Anlässe sondern auch als Synagoge. Heutzutage wird das Erdgeschoss vom Kino „Rex" genutzt und ist einer der prominenten Orte der alternativen Kunstszene der Stadt. Während der Milošević-Zeit war das vom Radio B92 betriebene „Rex" der Ort, an dem Performances gegen das Regime und den Hass, den es schürte, stattfanden.

St. Aleksandar-Nevski-Kirche

ZENTRUM

Der zentrale Teil Belgrads erstreckt sich von den ehemaligen Stadtmauern zum Hügel Savinac, auf dessen Spitze die große Kirche des Hl. Sava steht, eine der größten Kuppelkirchen der Welt. Dieser Stadtteil ist ein Produkt des großen Fortschritts, den Belgrad im 19. und in der ersten Hälfte des 20. Jahrhunderts machte. Die meisten Sehenswürdigkeiten liegen in kurzer Entfernung der Kralja Milana Straße, die auf dem Bergrücken zwischen den beiden Flüssen entlang läuft. Diese Straße ist von einigen der schönsten Gebäuden in verschiedenen Stilrichtungen des 20. Jahrhunderts gesäumt. Auf halber Länge der Straße, an der höchsten Stelle des Bergrückens, steht das Beogradjanka-Hochhaus, der höchste Punkt innerhalb der Stadt. Die beiden Parlamentsgebäude, die alten Schlösser, die Hauptpost und die St. Markus-Kirche sind nicht weit voneinander entfernt. In diesem Teil der Stadt befinden sich die meisten Geschäfte und überraschenderweise die meisten Theater; es gibt auch viele Straßencafés, Restaurants, alte traditionelle kafanas und einige kleine Parks, in denen man sich vom Getöse der Straßen erholen kann.

1 Terazije
2 Altes und Neues Königsschloss
3 Ivo-Andrić-Gedenkmuseum
4 Trg Nikole Pašića
5 Ehemaliges Bundesparlament
6 Postmuseum
7 Automobilmuseum
8 Politika-Hochhaus
9 Svetogorska Straße
10 Jovan-Cvijić-Museum
11 Botanischer Garten
12 London
13 Beogradjanka
14 Cvetni trg
15 Slavija
16 St. Sava-Kirche
17 Karadjordjev-Park

Cafés in der Njegoševa Straße mit Beogradjanka-Hochhaus im Hintergrund

❶ Terazije

Dieses lang gezogene Oval ist etwas zwischen Straße und Platz. Seine Form hat der Ort den Teichen zu verdanken, um die herum die serbischen Schmiede ihre Häuser bauten, als sie von Prinz Miloš in den frühen 1830-er Jahren aus der Stadt hier her ausgesiedelt wurden. Dies war einer der Schritte, mit denen ein neues, serbisches Belgrad außerhalb der ummauerten Stadt geschaffen wurde, die noch immer in türkischen Händen lag. Der Name ist eine Kurzform von terazije za vodu, „Waagen für Wasser", die eine Konstruktion bezeichnet, die in der Mitte stand und das Wasser vom türkischen Aquädukt auf die verschiedenen Trinkwasserbrunnen in der ummauerten Stadt verteilte. 1912 rekonstruiert, wurden die Terazije zu einer der schönsten Gegenden der Stadt: der große vergoldete Brunnen, die dekorativen Blumenbeete und die unterirdischen Toiletten gaben dem Ort eine unverwechselbare Erscheinung und machten ihn zu einem beliebten Motiv für Postkarten. All dies verschwand 1948 um der Parade zum Ersten Mai Platz zu machen, die die kommunistischen Ziele und Errungenschaften darstellen sollte. Heute ist es eine stark frequentierte Gegend, die sich etwas von der alten Atmosphäre erhalten hat.

Der Blickpunkt der Terazije ist der **Palast „Albanien"** (*Palata „Albanija"*) der sich am nördlichen Ende erhebt. Das erste Hochhaus von Belgrad wurde 1939 fertig gestellt, aber im Gegensatz zu seinem modernen Aussehen übernahm es den Namen des winzigen Gasthauses, das es ersetzte. Trotz der Tatsache, dass während des Baus Gerüchte kursierten, dass die Konstruktion instabil sei, weil sie auf sumpfigem Grund stehe, wurde das Gebäude erfolgreich fertig gestellt und überstand sogar direkte Treffer während der Bombardierung durch die Nazis 1941, als auch in einem der anglo-amerikanischen Luftangriffe von 1944.

Albania-Palast mit Donau im Hintergrund

An der Nr. 4 stand bis 1964 das Haus des Cafés „Zlatni krst" (Goldenes Kreuz). Am 25 März 1896, gerade sechs Monate nach der Premiere der Brüder Lumière in Lion, wurde hier der erste Film gezeigt, da der Repräsentant der berühmten Brüder auf seinem Weg von Wien nach Istanbul einen Monat hier verbrachte und damit Belgrad zu einer der ersten Städte machte, die das Wunder der Kinematographie bezeugten. Eine große Tafel am Eingang erinnert an dieses Ereignis.

Das **Hotel „Moskva"** („Moskau") wurde 1907 als Hotel der St. Petersburger Niederlassung der Versicherungsgesellschaft Fonciere erbaut. Die Gesamtkonstruktion stammt von Jovan Ilkić, die Fassade in einer russischen Variante der Art Nouveau jedoch von einem unbekannten Architekt aus St. Petersburg. Dank seiner prominenten Lage wurde es zu einem Erkennungszeichen in der Silhouette der Stadt und ist mit seinem hohen grünen Dach, der gekachelten Fassade und den Keramik-Ornamenten eines der schönsten Gebäude Belgrads. Das Hotel war und ist nach wie vor ein beliebter Treffpunkt für Montenegriner in Belgrad. Vor dem Hotel steht der **Terazije-Brunnen** (*Terazijska česma*), der 1860 in Erinnerung an die Wiederbesteigung des Throns durch Prinzen Miloš errichtet wurde. Er wurde bei der großen Rekonstruktion der Terazije 1912 in den Topčider-Park versetzt, bis er 1975 wieder an alter Stelle errichtet wurde. Am

Detail am Hotel „Moskva"

Terazije-Brunnen und Hotel „Balkan"

Tag nach den blutigen Demonstrationen vom 9. März 1991, bei denen zwei Menschen ums Leben kamen, war der Terazije-Brunnen besetzt von Studenten und Anhängern der Oppositionsparteien und wurde zur offenen Kanzel für vier Tage währende Apelle an die Verantwortung Slobodan Miloševićs, der diese Zeit nutzte, um eilig seinem in Frage gestellten Griff nach der Macht Nachdruck zu verleihen. Überschattet vom nahenden Bürgerkrieg, wurde der praktisch erfolglose Protest später als letzte Chance gesehen, die die Flut der Gewalt hätte aufhalten können.

Direkt rechts des „Moskau" befindet sich ein offener Platz mit Aussicht auf die Sava und die Ebene der Srem, die **„Terazije-Terasse"** genannt. Die Frage, wie man diesen Ort gestalten könne, quält Generationen von Stadtplanern und Architekten, die Dutzende von Lösungen und Ideen vorschlugen, seit 1929 die erste öffentliche Ausschreibung stattfand. Das Problem dieses außergewöhnlichen Platzes bleibt bis zum heutigen Tag ungelöst.

Am hinteren Ende der Terazije befindet sich in einem Eckgebäude der **Palast der Rentenkasse**, die bedeutendste Arbeit des Architekten Grigorije Samojlov, 1938 vollendet. Der Palast war am bekanntesten für das Kino „Beograd", das mit tausend Sitzplätzen damals das größte der Stadt war. Heute wird der Saal von dem Theater „Pozorište na Terazijama" genutzt, das Musicals und unterhaltsame Stücke zur Aufführung bringt.

Gegenüber steht der **Igumanov-Palast**, ein Werk der Brüder Krstić von 1935-37, die ihren ursprünglichen Entwurf während der Arbeiten von einem byzantinischen Stil zu einem modernistischen veränderten. Der Palast wurde mit den Spenden von Sima Andrejević Igumanov gebaut, einem Kaufmann, der sein Vermögen in Russland machte und dann 1870 die Eröffnung eines orthodoxen Seminars in seiner Geburtsstadt Prizren finanzierte, die erste derartige Institution in Kosovo. Als der Bau beendet war, wurde sein Dach mit einer Gruppe Statuen, genannt „Die Kosovo-Flüchtlinge", geschmückt, die nach dem 2. Weltkrieg im Namen der Brüderschaft mit den Kosovo-Albanern verschwand.

Auf der gegenüberliegenden Straßenseite befindet sich das kleine **Krsmanović-Haus** von 1885 mit üppigen Verzierungen im Stil des Neobarocks. Nach der Befreiung der Stadt 1918 zog hier Prinzregent Aleksandar ein und benutzte das Haus als zeitweilige Residenz, da beide Königshöfe während der Österreich-Ungarischen Besetzung im 1. Weltkrieg zerstört und geplündert worden waren. Am 1. Dezember 1918 versammelten sich hier die Vertreter der südslawischen Nationen und Provinzen und proklamierten ihre Vereinigung zum Königreich der Serben, Kroaten und Slowenen, das 1929 zum Königreich Jugoslawien wurde.

Café „Greenet" in der Nušićeva Straße

Weiter die Straße entlang fällt das Haus Nr. 39 mit seiner lebendigen Fassade und bezaubernden Dekorationen im Stil der Sezession ins Auge, das 1910 für die **Smederevo Kreditbank** gebaut wurde. Daneben steht das ehemalige Gerichtsministerium, ein wohlproportionierter und ruhiger Neorenaissance-Bau, der 1893 von Svetozar Ivačković entworfen wurde.

Die schmale Seite der Terazije

Gegenüber der Einmündung der Dragoslava Jovanovića Str. in die Kralja Milana Str. liegt das Gebäude **Vuks Stiftung** (*Vukova zadužbina*). Seine Fassade, heute eine der elegantesten der Stadt, wurde 1912 nach den Entwürfen von Branko Tanezević verändert und zeigt dessen unverkennbare Mischung mittelalterlich-serbischer Elemente mit dem dekorativen Stil der Sezession. Das Interieur wurde von Dragutin Inkiostri-Medenjak in einer stark an die Sezession anlehnenden Stilmischung gestaltet. Ein kleinen Eindruck dieser Dekoration kann man in der bemalten Passage zum Hof erhalten.

2 Altes und Neues Königsschloss

Stari i Novi dvor

An der Kralja Milana Straße liegen einander zugewandt das sogenannte Alte und Neue Schloss. Das erste Gebäude, das hier in der Mitte zwischen den beiden heutigen stand, war ein prächtiges Haus, das der Staatsmann Aleksa Simić 1835 errichtete. Es wurde zur großen Verwunderung seiner Zeitgenossen fertig gestellt, die sich fragten, warum ein so wohlhabender Mann wie Aleksa so weit von der Stadt entfernt baute. Als 1842 Fürst Aleksandar Karadjordjević als neuer Herrscher an die Macht gebracht wurde, lehnte er die Residenz der Obrenović-Dynastie ab und kaufte Simićs Haus, um es für die Belange seiner Residenz herzurichten. Dieser bescheidene Hof wurde 1903 zerstört, nachdem König Aleksandar, der letzte Herrscher der Obrenović-Dynastie, und seine unbeliebte Frau Königin Draga hier ermordet worden waren (*Siehe Kasten*).

Das sogenannte **Alte Schloss** besetzt die nördliche Seite des Ensembles und wurde im Jahre 1883 für Milan Obrenović erbaut, dessen neu erworbener Königstitel eine entsprechende Residenz verlangte. Aleksandar Bugarski, der aufgrund seines hervorragenden Entwurfs für das Nationaltheater als Architekt auserkoren wurde, gestaltete insbesondere auf der Südseite eine verschwenderische Fassade. Trotz der Schäden aus beiden Weltkriegen und des Verlusts ihrer Kuppeln ist die Front im Stil der italienischen Neorenaissance weiterhin sehr wirkungsvoll. Der Haupteingang auf der dem Bundesparlament

Karyatiden an der Fassade des Alten Schlosses

zugewandten Ostseite wurde nach dem Krieg in wohlüberlegtem Stil rekonstruiert, der den Gesamteindruck nicht stört. Leider ist durch die Zerstörungen und Rekonstruktionen sehr wenig von der alten königlichen Inneneinrichtung erhalten und fast die gesamte Möblierung stammt von nach dem 2. Weltkrieg. Das Alte Schloss wird vom Rathaus für Zeremonien, Konzerte und ähnliche Anlässe genutzt.

- **Moskva Pastry Shop** - Genießen Sie die berühmten hausgemachten Süßigkeiten dieses historischen Ortes mit leichter Pianomusik im Hintergrund.
- **Sremska** (Sremska 6) – Scheinbar unverändert seit Jahrzehnten gibt es in dieser Konditorei wunderbaren „žito sa šlagom", eine traditionelle Süßspeise.
- **Atos** (Nušićeva 5) – In diesem kleinen Laden der serbisch-orthodoxen Kirche könnten Sie ein unkonventionelles Souvenir finden.
- **Paspartu** (Nušićva 10) – Ein winziger Shop mit selbstgemachter Mode und Schmuck von jungen einheimischen Künstlern.
- **Rakia Bar Gift Shop** (Terazije 42) – Hier finden Sie eine reiche Auswahl hervorragender rakija Schnäpse und andere ausgesuchte serbische Delikatessen – perfekt als Souvenir!

Blumenbeete vor dem Alten Schloss, heute das Rathaus von Belgrad

Das **Neue Schloss** wurde zwischen 1912 und 1920 nach dem Entwurf von Stojan Titelbah errichtet; seine gegenwärtige Erscheinung jedoch hat es, nachdem es im 2. Weltkrieg zerstört worden war, dem Wiederaufbau durch Milan Minić im Jahre 1948 zu verdanken. Von 1935 bis 1941 zeigte es als Fürst-Pavle-Museum die reichhaltige Sammlung des Kunstliebhabers und Prinzregenten Fürst Pavle, die später in die Sammlung des Nationalmuseums überging. Heute dient das Neue Schloss als offizieller Sitz des serbischen Präsidenten.

Das geometrische und einfache Gebäude gegenüber des Neuen Schlosses auf der anderen Straßenseite war Sitz des Serbischen Parlaments von 1954 bis 2007 und dient heute der Parlamentsverwaltung.

Hinter den beiden Schlössern liegt der **Pionirski Park**. Bis 1944 war dies der mit einer Mauer umgebene Schlosspark, dann wurde er der Öffentlichkeit übergeben. Der Name bezieht sich auf die kommunistische Jugendorganisation pioniri. Im Park wachsen einige seltenen Baumarten und es gibt drei kleine Monumente und einen Brunnen. An der Ecke mit der Takovska Str. und dem Bulevar Kralja Aleksandra liegt ein Haufen Steine, der **Beobachtungsposten des serbischen Oberkommandos** an der Front von Thessaloniki von 1918. Die Steine, von denen aus der Prinzregent Aleksandar und seine Generäle den siegreichen Vorstoß verfolgten, wurden vom Berg Moglen an der

Die verbotene Liebe eines jungen Königs

Als am 8. Juli 1900 König Aleksandar Obrenović seine Verlobung bekannt gab, wurde im ganzen Land getratscht und getuschelt: die zukünftige Braut war die Hofdame Draga Mašin, eine Witwe, die 12 Jahre älter war als der junge König. Aufgewachsen ohne die Liebe seiner königlichen Eltern, die sich während ihrer gesamten Ehe stritten, wurde er zu einem halsstarrigen und unberechenbaren Herrscher, der, als sein Herz nach Draga verlangte, seinen Willen durchsetzte: er drohte damit, abzudanken, falls ihm der Gang zum Altar verwehrt würde. Nach der Hochzeit versuchte Draga, ihren Ruf zu verbessern und warb für sich als „erste Königin mit serbischer Herkunft seit Miloš Obrenović's (Gründer der Dynastie) Frau Ljubica". Blind vor Liebe, war Aleksandar bereit, alle Wünsche seiner Königin zu erfüllen und bald verbreitete sich das Gerücht, dass Draga und ihre Brüder diejenigen seinen, die den Staat führten. Wirkliche Schwierigkeiten tauchten auf, als sich herausstellte, dass Draga keine Kinder bekommen konnte: eine angebliche Fehlgeburt wurde von der Öffentlichkeit als die fadenscheinige Lüge einer Frau gedeutet, deren Bruder versucht, den Thron zu erringen. In der Zwischenzeit focht Aleksandar auf seine Art einen rücksichtslosen politischen Krieg mit dem Parlament. Einen nach dem anderen brachte er gegen sich auf, sogar seine Minister, Generäle und Polizeibeamten, sodass, als der Anschlag auf „den Tyrannen" geplant wurde, ihn niemand verhinderte. In der Nacht des 29. Mai drang eine Verschwörung von Offizieren in das Schloss ein, um das Paar zu töten, das sich bis zu seinem Ende treu geblieben war.

Grenze der ehemaligen jugoslawischen Republik Mazedonien und Griechenland hierher gebracht. Zur 70-Jahrfeier der historischen Offensive wurden die Metalltafeln mit den Porträts serbischer und französischer Kommandanten angebracht.

Entspannung im Pionirski Park

dem Haus Nr. 8, in dem er lebte. Seine Wohnung ist heute zum Gedenkmuseum umgebaut, wo man sein Studierzimmer, Manuskripte, Preise und andere Dokumente aus seinem Leben und Werk besichtigen kann.

4 Trg Nikole Pašića

Dies ist ein recht junger Platz, der nach dem 2. Weltkrieg auf den Trümmern der bombardierten Häuser gebaut wurde. Seine Gestaltung wurde mit der Fertigstellung des **Palasts der Syndikate** 1957 vollendet, dem letzten und wichtigsten Bauwerk sozialrealistischer Architektur in Belgrad. Der Platz erhielt den Namen von Marx und Engels, den Begründern des Kommunismus, wurde aber Anfang 1990 umbenannt. Dieser Akt zählt zu den ersten Manifestationen, die einen Wandel im Verhältnis zur lange unangefochtenen kommunistischen Ideologie zum Ausdruck brachten. Heute trägt er den Namen von Nikola Pašić, der bis zu seinem Tod 1926 beinahe ein halbes Jahrhundert lang die wichtigste Persönlichkeit der serbischen Politik war. Seine Statue, ein Werk von Zoran Ivanović von 1998, steht groß in der Mitte des Platzes vor dem großen, langgezogenen Brunnen.

Zu seiner Rechten steht das **Gebäude der Zeitung „Borba"** („Kampf"), eine herausragende Leistung der modernistischen Architektur der Zwischenkriegszeit (Branislav Kojić, 1939). Es wurde für die Zeitung „Vreme" („Zeit") errichtet, der

3 Ivo-Andrić-Gedenkmuseum

Spomen muzej Iva Andrića

Andrićev venac 8; Tel. 32-38-397, geöffnet Di, Mi, Fr, Sa 10-17h, Do 12-20, Sa 10-14; Eintritt 100 Din, Studenten 50 Din

Hinter dem Neuen Schloss liegt der Andrićev venac, eine ruhige Fußgängerallee mit einem künstlichen Wasserfall. Die Allee ist nach Ivo Andrić benannt, der 1961 für seinen Roman „Brücke über die Drina" den Nobelpreis bekam. Es ist die Chronik einer kleinen Stadt in Bosnien, in der Andrić ihr historisches Schicksal erzählt und den Charakter ihrer Bewohner abbildet. Die **Statue** (Milenko Mandić, 1991) des einzigen Serben, der diese angesehene Auszeichnung erhielt, steht am oberen Ende der Treppe direkt vor

Ivo Andrić (Dolac 1892 – Belgrad 1975), der einzige serbische Nobelpreisträger, wurde als Sohn eines katholischen Vaters und einer orthodoxen Mutter in der Nähe von Travnik in Bosnien geboren. Er graduierte sowohl Philosophie als auch slawische Literatur und Geschichte in Zagreb und begann Gedichte zu schreiben. Als Mitglied des „Jungen Bosnien", der Organisation, die hinter dem Attentat von Sarajewo stand, verbrachte er die meiste Zeit des 1. Weltkriegs im Gefängnis und in Internierung. Nach dem Krieg erhielt er in Graz die Doktorwürde und später eine Anstellung im Außenministerium in Belgrad; während seiner Zeit im diplomatischen Dienst fuhr er mit dem Schreiben fort, vor allem von Kurzgeschichten. Als die Deutschen 1941 in Jugoslawien einmarschierten, kehrte Andrić nach Belgrad zurück. Den 2. Weltkrieg über lebte er zurückgezogen und schrieb seine drei Hauptwerke „Brücke über die Drina" (*Na Drini ćuprija*), „Wesire und Konsuln" (*Travnička hronika*) und „Das Fräulein" (*Gospodjica*). Bereits ein bekannter Schriftsteller, wurde er Präsident des Schriftstellerverbandes von Jugoslawien und erhielt eine Reihe von Preisen, darunter 1961 den Nobelpreis für Literatur. Am meisten bekannt sind seine Novellen über die bosnische Geschichte, die er anhand von Legenden erzählt. Durch die Augen des einfachen Volkes beschreibt er dessen tragische Existenz in schweren Zeiten, die die Universalität der menschlichen Probleme hervorbringen.

Museum der jugoslawischen Geschichte

zweit-meistgelesenen Tageszeitung zwischen den beiden Weltkriegen. 1944 wurde sie in „Borba" umgewandelt, das offizielle Blatt der kommunistischen Partei.

Die Ecke mit der Vlajkovićeva Straße wird besetzt von einem massigen Bau, den die Brüder Krstić 1934 für die Geschäftsräume der **„Agrarna banka"** entwarfen. Von 1948 bis 1965 war hier der Sitz des Zentralkomitees der Kommunistischen Partei, des höchsten Staatsorgans Jugoslawiens. Der erste Stock war dem ideologisch ebenso wichtigen Museum der Revolution der Völker Jugoslawiens vorbehalten. Heute befindet sich hier das Museum der Jugoslawischen Geschichte, das derzeit restrukturiert wird.

5 Das Serbische Parlament

Savezna skupština

Der Bau für das serbische Parlament begann im Jahre 1907 und war beinahe abgeschlossen, als 1929 König Alexander von Jugoslawien die unstabile parlamentarische Führung entmachtete, sich als Diktator einsetzte und damit das Parlament überflüssig wurde. Nach dem Tode Alexanders 1934 wurde das parlamentarische System schrittweise wieder eingeführt und die Arbeiten am Parlamentsgebäude fortgesetzt, das 1936 schließlich eröffnet wurde. Nach dem 2. Weltkrieg wurde es zum Sitz des Bundesparlaments von Jugoslawien, von deren sechs ursprünglichen Mitgliedern nach dem Zusammenbruch des Staatenbundes 1991/92 nur zwei übrig geblieben waren. Nachdem es drei Jahre lang als Sitz der Versammlung des Staatenbundes Serbien und Montenegro diente, nimmt es jetzt wieder seine ursprüngliche Bestimmung als serbisches Parlament an. Das reich dekorierte Innere wurde bei der unblutigen Revolution vom 5. Oktober 2000 schwer beschädigt, als die wütende Menge einiger hunderttausend Menschen das Gebäude stürmte, von dem aus die Staatssicherheit Tränengas warf. Dieses Ereignis markierte den Anfang vom Ende des Regimes von Slobodan Milošević. Vor dem Haupteingang stehen zwei Skulpturengruppen mit dem Titel „Das Spiel der schwarzen Pferde" (von Toma Rosandić).

Auf der rechten Seite des Gebäudes steht das wuchtige **Hauptpostamt** aus dem Jahre 1935. Die kurzen dorischen Säulen und die dunkle, grob wirkende Fassade spiegeln den Einfluss der damals zeitgemäßen faschistischen

Ehemaliges Bundesparlament bei Sonnenaufgang

Das erstaunliche Gebäude der ehemaligen Telefonzentrale

Architektur wieder. Interessant ist, dass der ursprüngliche Entwurf vollkommen entgegengesetzt war – ein futuristisches Bauwerk mit Glasfassade – und von König Aleksandar höchstpersönlich zurückgewiesen wurde mit der Erklärung, dass er kein Gebäude bauen wolle, „das jeder Dummkopf mit einem Steinwurf zum Einsturz bringen kann"!

6 Postmuseum

Muzej PTT-a

Palmotićeva 2; Tel. 32-42-330; geöffnet nach Anmeldung Mo-Fr 9-16h; Eintritt frei

Neben dem Postmuseum, an der Ecke der Kosovska mit der Palmotićeva Straße, schließt sich die **ehemalige Haupt-Telefonzentrale** an, fertig gestellt 1908. Sie gilt als bestes Werk des Architekten Branko Tanezević, der das Erbe des serbischen Mittelalters auf eine neue und fantasievolle Weise interpretierte; und so finden wir hier Schachbrettmuster und Rosettenfenster der Morava-Schule erfolgreich mit einigen aus der Sezession bekannten Details kombiniert.

An der Ecke der Palmotićeva mit der Majke Jevrosime Straße erhebt sich das eindrucksvolle Gebäude des **Ministeriums für Postwesen** von 1926. Es wurde nach den Plänen von Momir Korunović gebaut, in einem unverwechselbaren Stil, der für diesen Architekten typisch ist – einer Mischung aus nationalen Motiven, später Sezession und tschechischem Kubismus. Die Schlüsselform aller seiner Bauwerke ist das Bogenfenster in verschiedenen Positionen, Rhythmen und Größen. Über dem Haupteingang stehen zwei Figuren, die Korunović als idealisierten Bauherrn mit einem Pergament und dem Modell des Gebäudes in den Händen darstellen. Korunović, ein tschechischer Student und kompromissloser Anhänger der Slawischen Jugendbewegung „Sokol", war zwischen den beiden Weltkriegen ein sehr gesuchter Architekt und seine Entwürfe wurden als angemessene Repräsentationen des Nationalgefühls hochgelobt. Das verkehrte sich nach dem 2. Weltkrieg ins Gegenteil: seine Werke wurden als Spiegel der bourgeoisen Dekadenz deklariert und deshalb gnadenlos zerstört; überflüssig, zu erwähnen, dass seine Karriere zu Ende war.

Das Postmuseum wurde von oben erwähntem Ministerium 1923 mit dem Ziel gegründet, Material über die Entwicklung der Post auf dem Gebiet Jugoslawiens zu sammeln und auszustellen. Obwohl es etwas veraltet ist, ist das kleine Museum hochinteressant, ein großer Mangel ist jedoch, dass alle Beschriftungen auf Serbisch sind. Die Ausstellung beginnt mit einer Einführung zur Entwicklung der Schriftsysteme, führt weiter über die Vorläufer der Postdienste, wie die „Tartaren"-Reiter, die es in Serbien im 19. Jahrhundert gab, hin zu den ersten Postämtern, Briefmarken, telegrafischen Maschinen usw. Die interessantesten Ausstellungsstücke sind originale frühe Telefonapparate, Telegrafen

Titos treueste Brieftaube, heute ausgestopft im Postmuseum

und Telefonzentralen, Modelle von Postgebäuden und eine originale Postkutsche.

7 Automobilmuseum

Muzej automobila

Majke Jevrosime 30, Tel. 33-42-625; geöffnet täglich 11-19h; Eintritt 100 Din, Studenten 80, Kinder frei.

Vehikel aus allen Epochen im Automobilmuseum

Das neueste Museum Belgrads entstand aus der Sammlung von Bratislav Petković, einem leidenschaftlichen Oldtimer-Enthusiasten. Es liegt in den Räumen der ersten öffentlichen Garage der Stadt, die, 1929 gebaut, selbst ein technisches Denkmal ist. Sie beherbergte die Automobile der Teilnehmer des ersten internationalen Auto- und Motorradrennens, das 1939 in Belgrad stattfand (*Siehe Kasten*).

Das Museum umfasst 50 historisch wertvolle Oldtimer, von einem Marot Gardon von 1897 bis zu dem Sportwagen Jaguar MK2 von 1963. Darüberhinaus sind verschiedenste Gegenstände ausgestellt, die mit Verkehr zu tun haben, wie Führerscheine, die ersten Verkehrsregeln und -gesetze, Nummernschilder, Werkzeug sowie Kunstwerke und Kunsthandwerk. Film- und Fotodokumente, zusammen mit technischer und wissenschaftlicher Literatur bieten einen tiefen Einblick in die Geschichte der Motorisierung.

8 Politika-Hochhaus

„Journalistenplatz" ist eine inoffizielle Bezeichnung für den breiten Teil der Makedonska-Straße, der von riesigen Platanen überschattet wird. Schatten spendet ebenfalls das Hochhaus, das zum Zeitungsverlag „Politika" (Politik) gehört, dessen gleichnamige Tageszeitung die älteste und bedeutendste in Serbien ist. Gegründet 1904 verkörperte die „Politika" ein neues Konzept des unabhängigen Journalismus verbunden mit Kolumnen hoher Qualität und das Blatt erscheint ohne Unterbrechung bis zum heutigen Tag. Der Sitz des Verlagshauses (Uglješa Bogunović & Slobodan Janjić, 1961-68) ist ein 17 Stockwerke hoher Turm mit einer Verkleidung aus schimmernden Aluminiumplatten, die damals modern waren. Im Erdgeschoss finden Kunstausstellungen statt, vor allem zeitgenössischer Malerei. Das Hochhaus steht am Ort des ehemaligen Zweiten Knaben-Gymnasiums (von 1905), das im 2. Weltkrieg beschädigt wurde und später achtlos abgerissen wurde, obwohl es von allen für das schönste Schulgebäude der Stadt gehalten wurde. Neben dem Turm steht mit der

Das Grand-Prix Rennen

(der Vorgänger der Formel 1), das erste und einzige, das in Belgrad stattfinden sollte, wurde am 3. September 1939 im Schatten des deutschen Angriffs auf Polen abgehalten. Trotzdem gewann nach den großen Vorbereitungen für den wichtigen Wettkampf gute Stimmung die Oberhand und das Rennen begann vor einem Publikum von über 100.000 Belgradern, das ist jeder vierte Einwohner. Die Rennstrecke führte im Kreis um die Belgrader Festung und den Kalemegdan-Park und Wagen und Fahrer wurden mit 50 Runden oder 140 Kilometern auf die Probe gestellt. Die Stars des Tages waren die berühmtesten Rennfahrer ihrer Zeit – der Deutsche von Brauchitsch (für Mercedes-Benz) und der Italiener Nuvolari (für Auto Union). Der 46-jährige Italiener gewann das Rennen, sehr zur Freude des Belgrader Publikums; später sollte sich herausstellen, dass dies sein letzter Sieg war. Das Rennen war eine der letzten Sportveranstaltung in Europa, bevor es in den 2. Weltkrieg abglitt und der letzte Grand-Prix bis 1946.

Nr. 33 das Gebäude, in dem die alten Hauptbüros der „Politika“ von 1921 bis 1968 untergebracht waren.

An der Ecke mit der Makedonska und der Nušićeva Straße steht das Haus, das Ingenieur Jovan Smederevac 1900 für sich selbst entworfen hat. Die großen Sonnenblumen auf der ansonsten gewöhnlichen Fassade waren die ersten Motive der Sezession, die in der Architektur Belgrads in Erscheinung traten.

Auf der andern Straßenseite, an der Ecke der Hilandarska mit der Svetogorska Straße steht das Gebäude des **Kunsthandwerkszentrums**. 1933 nach dem Entwurf von Bogdan Nestorović errichtet, beherbergte es einst nicht nur eine Schule, sondern auch ein Studentenwohnheim und ein Hotel, um die Lage in der Innenstadt optimal

Handwerksmeister mit Lehrling

auszunutzen. Heute befindet sich hier das Radio Belgrad, doch der ehemaliger Zweck ist noch an den Skulpturen über dem Haupteingang zu erkennen – jungen und alten Kunsthandwerkern umgeben von verschiedenen Werkzeugen. Zu ihren Füßen sitzen zwei Tauben, eine Erinnerung an das Kafana „Dva bela goluba“ (Zwei weiße Tauben), das zuvor hier stand und der ganzen Gegend ihren Namen verlieh.

❾ Svetogorska Straße

Die Svetogorska Straße führt von der Politika zum Palilula-Markt und bietet einige sehenswerte

Das Theater "Atelje 212" an der Svetogorska Strasse

Gebäude. Die Straße ist ziemlich schmal für den starken Verkehr, der sie passiert und deswegen oft laut und verpestet. Bevorzugen Sie einen ruhigeren Spaziergang, biegen Sie in eine der Seitenstraßen ab und genießen Sie eine nachbarschaftliche Atmosphäre im Zentrum Belgrads.

Am Beginn und Ende der Straße können Sie auf einer Tafel die Liste der Namen lesen, die sie trug, seit sie 1872 das erste Mal offiziell benannt wurde. Erst, poetisch, die Zwei Tauben, dann Bitolj, nach einer Stadt im damals serbischen Mazedonien, dann nach einem jungen Kommunisten Lola Ribar, und schließlich nach dem Sveta Gora, dem Heiligen Berg Athos in Griechenland, als Erinnerung an seine Bedeutung für das orthodoxe Christentum.

Mit der Nr. 6-8 auf der rechten Straßenseite steht ein makellos einfaches modernistisches Gebäude der Brüder Miladinović, das wegen eines großen Schildes, das einst auf die Garage im Kellergeschoss hin wies, im Volksmund die „Garage“ genannt wird. Dieser puristische Bau von 1938 ohne jegliche Dekoration gilt als Meisterstück von Momčilo Belobrk, mit dem er seinen modernistischen Traum verwirklichte. Zwei Häuser weiter, mit der Nr. 12, steht das Gebäude von Vlajko Kalenić, einem Wohltäter und Stifter, dessen große Büste – ein Werk des Bildhauers Dragomir Arambašić – man in der Mitte der Fassade sehen kann.

Nach der Kreuzung mit der Vlajkovićeva Straße auf der linken Seite wird Ihnen das Haus von Jevrem Grujić ins Auge fallen, einem berühmten liberalen Politiker und Diplomaten aus dem späten 19. Jahrhundert. 1896

Die Statue des berühmten Zoran Radmilović

KNEZA-MILOŠA-STRASSE UND SAVAMALA

Die Geschichte dieses Viertels ist unabänderlich mit dem Namen des Fürsten Miloš Obrenović verknüpft. Dieser Herrscher war es, der 1834 den alten Vorort Savamala umsiedelte und an seiner Stelle die „Neue Serbische Stadt" gründete, die sich entlang der Kraljice-Natalije- und Gavrila-Principa-Straße erstreckte. Die größte der neuen Straßen, später nach Fürst Miloš benannt, wurde zum Sitz der Regierung und vieler Ministerien. Die imposante Architektur und einige Gebäude, die seit der Bombardierung von 1999 in Ruinen stehen, sind die Hauptattraktionen. Das übrige Viertel, genannt Savamala oder „Sava-Viertel" entwickelte sich dank des Flusshandels und wurde Sitz der wohlhabendsten Belgrader Händler, deren Paläste man um den Mali Pijac in der Karadjordjeva Straße sehen kann, die einst in ihrem Reichtum mit der Kneza-Mihaila-Straße konkurrierte. Im 2. Weltkrieg stark zerstört, litt das Savamala-Viertel noch zusätzlich unter dem Niedergang des Flusshandels und bekam in den Nachkriegsjahren einen schlechten Namen, als es eingezwängt zwischen dem Hauptbahnhof und der Busstation Zeleni venac verarmte. Erst seit Kurzem scheint es von seiner zentrumsnahen Lage zu profitieren und ist heute eine Mischung von neu und alt – verfallene Gebäude beherbergen trendige Clubs und modische Shops Tür an Tür mit alten Handwerksbetrieben.

❶ Kneza-Miloša-Straße

Zu Beginn des 19. Jahrhunderts versuchte Fürst Miloš Obrenović die Türken zu überlisten und Stück für Stück so viel Unabhängigkeit wie möglich für sein kleines Fürstentum zu gewinnen, womit er die Grundfesten für den zukünftigen Staat legte. Nachdem er 1835 erkannte, dass die Türken nicht beabsichtigten, Belgrad zu verlassen, entschied er, ein neues, serbisches Belgrad zu gründen, dass die alte ummauerte Stadt umschließen und so ihr Schicksal besiegeln sollte. Die Straßen des neuen Belgrads waren gerade und breit, im Raster angeordnet und gesäumt von Häusern europäischen Stils. Die Hauptstraße war die Kneza Miloša, 1842 gebaut, um die Stadt mit Miloš's Residenz in Topčider (*Siehe S. 141*) zu verbinden. In der Mitte des 19. Jahrhunderts diente diese breite von vier Baumreihen beschattete Allee als erste Promenade für die Mittelklasse von Belgrad. Mit der Zeit wurde sie von neuen und größeren Regierungsgebäuden gesumt, später folgten die Botschaften. Die meisten der Verwaltungsgebäude waren bevorzugte Ziele bei den Bombardierungen 1941 und 1999, deren Spuren noch nicht vollständig beseitigt sind.

Obwohl die Straße am Hauptpostamt beginnt, behandelt dieses Kapitel nur ihren mittleren und unteren Teil, beginnend bei der London genannten Kreuzung (*siehe S. 93*).

Kneza-Miloša-Straße mit dem Sitz der serbischen Regierung im Vordergrund

An der ersten Kreuzung vom „London" abwärts, an der Ecke mit der Kraljice-Natalije-Str., steht ein Gebäude, das am bekanntesten wegen des mittlerweile geschlossenen „Odeon"-Kinos im Erdgeschoss ist. Von 1880 bis 1914 befand sich an diesem Ort die Nationalversammlung in einem kleinen Haus, das sich in nichts von den Nachbarnhäusern unterschied. Die Wahl dieses unwürdigen Gebäudes war wohl König Milans Art und Weise, seine Verachtung gegenüber dem Parlament auszudrücken, das beabsichtigte, seine Macht einzuschränken. Auf der gegenüberliegenden Straßenseite, anschließend an das Beogradjanka-Hochhaus, befinden sich die Hauptbüros der Elektroindustrie. Ausgerechnet an genau dieser Stelle, im Kafana „Skupština" (Parlament), brannte im 1880 die erste Glühbirne in Belgrad. Das Bronze-Relief am rechten Eingang erinnert an dieses Ereignis.

Die Himmelfahrtskirche und das Savamala-Viertel

In einem großen und grünen Hof gegenüber des „Odeon" steht die **Himmelfahrtskirche** (*Voznesenjska crkva*). Sie wurde 1864 von Fürst Mihailo für die in den nahe gelegenen Kasernen untergebrachte Garnison gebaut. Sie ist in der Hinsicht bemerkenswert, dass sie die erste Kirche im Serbien des 19. Jahrhunderts ist, die in Anlehnung an den mittelalterlichen Stil errichtet wurde. Zwei Jahre zuvor hatte Fürst Miloš ein Dekret verabschiedet, nach dem alle neuen Kirchen in Serbien im „byzantinischen Stil" errichtet werden sollten und nicht wie

Denkmal des „Aufstands von Takovo"

bisher in europäischen Stilen wie dem Barock oder Klassizismus. Zur Überzeugung, dass die serbische mittelalterliche Kirchenbaukunst überlegen sei, kam er durch den österreichischen Archäologen und Reiseschriftsteller Felix Kanitz, der die Altertümer Serbiens beschrieb. Seitdem begann die Erforschung des architektonischen Erbes aus der Blütezeit des serbischen Staates. Das Äußere der Kirche ist ernst und monoton, aber im Inneren beeindrucken die Fresken von Andrej Bicenko und die Ikonostasis von Steva Todorović. Der allein stehende Glockenturm wurde zwischen den beiden Weltkriegen nach dem Entwurf von Vladeta Maksimović errichtet. Er hat fünf Glocken, darunter die erste, die es in Belgrad gab und die 1830 - damals im Glockenturm der Kathedrale - zur Unabhängigkeitserklärung geläutet wurde. Rechts des Eingangs steht ein **Granitkreuz**, das an den Tod von 180 Menschen in einem improvisierten Unterstand erinnert, der am 6. April 1941 bei der Bombardierung durch die Nazis getroffen wurde. Am Himmelsfahrtstag beginnt von dieser Kirche aus die farbenprächtige Prozession, die den *slava* (Namenstag) des Schutzheiligen der Stadt feiert. Die Route ist immer die gleiche: zum Brunnen auf den Terazije, zur Kathedrale und dann zurück.

Auf der anderen Seite der Kneza-Miloša-Straße steht das **Alte Kriegsministerium**. Dieses eindrucksvolle Gebäude ist ein Werk des Russen Vilim Baumgarten von 1928 und seine Monumentalität gefiel den Armee-Beamten sehr gut. Auf seinem Giebel kann man Figurengruppen antiker Krieger erkennen, die ihre verwundeten Kameraden retten.

Rechts der Straße öffnet sich eine Grünfläche, wo einst der Palast von Fürst Miloš stand. Gebaut 1835, diente er nie dem vorgesehenen Zweck, sondern wurde erst als Gerichtshof und dann als Finanzministerium benutzt, woher der Name **Finansijski park** für diese Umgebung rührt. Der Park, der vor dem Bau der angrenzenden Gebäude viel größer war, wurde 1864 als erster in der Stadt als Teil der Promenade angelegt, denn die Kneza-Mihaila-Straße existierte noch nicht. Darin steht das **Denkmal „Aufstand von Takovo"**, das Fürst Miloš beim Ruf zu den Waffen darstellt, wie er vom Abt Melentije Pavlović gesegnet wird. Das Monument ist die Kopie einer Arbeit von Petar Ubavkić von 1902, die im Dorf Takovo steht, in dem der Zweite Serbische Aufstand losbrach. Nicht weit entfernt steht der einzige Teil des Palasts von Fürst Miloš, der die Bombardierung durch die Nazis 1941 überstanden hat. Es ist ein kleiner **Hammam** (türkisches Bad), der nicht öffentlich zugänglich war. Nach der Zerstörung des Palasts diente er zunächst als Galerie, heute ist er zu einem Restaurant umgebaut.

Cafékultur im Finansijski Park

An beiden oberen Ecken mit der Nemanjina Straße steht der Bau des **Verteidigungsministeriums und Generalstabs**. Nachdem er 1999 bombardiert wurde, avancierte seine eindrucksvolle Ruine seltsamerweise zu einer

Ruinen der Bombardierung von 1999

blutiger Kampf gegen die Besatzer führten. Auf eine Art ist das Bauwerk auch eine Hommage an das Opus seines Architekten: es ist das einzige wichtige Werk von Dobrović in Belgrad, denn sein Stil war zu modern für die Entscheidungsträger in den 1930ern, als der Architekt sein Hauptwerk schuf. Verhalten Sie sich beim Fotografieren nicht zu auffällig, da ein Teil des Gebäudes wieder vom Militär genutzt wird; es könnte sein, dass Sie sonst ein Polizist, der das Regierungsgebäude in ihrem Rücken bewacht, darauf anspricht.

der beliebtesten Touristenattraktionen der Stadt. Dieses exzellente modernistische Gebäude in seiner verspielt von Kaskaden gebrochenen Wuchtigkeit ist die Arbeit des Architekten Nikola Dobrović, die 1963 vollendet wurde. Es versinnbildlicht den Canyon des Sutjeska-Flusses (in Bosnien-Herzegovina), wo 1943 die kommunistischen Partisanen einen

Die beiden anderen Ecken der verkehrsreichen Kreuzung werden dominiert von den großen **Bauten verschiedener Ministerien**, die in den 1920ern nach den Plänen des Russen Nikolaj Krasnov errichtet wurden, dem damaligen Lieblingsarchitekten König Aleksandars. Sie entsprechen dem für Krasnov typischen akademistischen Stil, in dem er auch die Gebäude für seinen früheren Auftraggeber, den Russischen Zaren, entworfen hat. Die reiche skulpturale Dekoration wurde von Spitzenkünstlern der Zeit ausgeführt. Beide Gebäude wurden im 2.

Ministerialgebäude an der Ecke mit der Nemanjina Straße

Zoran Djindjić (1952-2003) als Student versuchte, in der kommunistisch kontrollierten Universität eine unabhängige Studentenorganisation aufzubauen, wurde er verurteilt und mit Gefängnis bestraft. Nach seiner Freilassung setzte er sein Studium in Deutschland fort und erhielt den Doktortitel der Philosophie. Er nahm in Novi Sad seine Lehrtätigkeit auf, kehrte aber bald dazu zurück, für Veränderungen einzutreten und 1990 war er einer der Mitbegründer der Demokratischen Partei. Als fähiger Politiker und Organisator wurde er schon 1993 ihr Präsident. Seitdem wurde er als einer der gefährlichsten Gegner des Milošević-Regimes gesehen, eine Auffassung die sich nach den langen Protesten von 1996/97 verbreitete und sich in seiner konsequenten Ernennung zum ersten nicht-kommunistischen Bürgermeister von Belgrad erfüllte. Während der NATO-Bombardierung musste Djindjić aus Angst um sein Leben das Land verlassen. Nach seiner Rückkehr organisierte er neue Proteste und war der Hauptkoordinator der Kampagne für die Wahlen von 2000 und die Revolution vom 5. Oktober, die folgte. Wie sich später herausstellte, war dies ein entscheidender Moment in seinem Leben: Eine der Vorsichtsmaßnahmen, um sicherzustellen, dass es nicht zu einem Blutvergießen kommen würde, war es, die Gunst der Roten Barette und ihres Anführers Milorad Ulemek – Legija zu gewinnen, eine Aufgabe, die Djindjić übernahm. Die friedliche Revolution war erfolgreich und Djindjić wurde Premierminister des Landes. Doch Ulemek und seine Einheiten waren der Auffassung, dass Djindjić ihnen einen Gefallen schuldig sei und sowohl ihre früheren Verwicklungen in Kriegsverbrechen und Kriminalität, als auch ihre ungebrochene Zusammenarbeit mit der Unterwelt ungestraft lassen sollte. Dieser unmögliche Waffenstillstand hielt nicht lange vor und die beiden kamen mehrere Male in Konflikt, vor allem wegen der Maßnahmen, die der Premierministers gegen Milošević und sein Erbe ergriff. Anscheinend dachten Legija und seine Handlanger, dass sie mit der Eliminierung Djindjićs ihren mächtigsten Gegner loswerden könnten und so kam es dazu, dass Djindjić am 12. März 2003 von einem Heckenschützen erschossen wurde. Seine Ermordung hat in der Öffentlichkeit sein Image als einer der beständigsten und fähigsten europäisch orientierten Politiker bestärkt und sein Verlust ist für Serbien noch immer schmerzlich.

Weltkrieg und während der NATO-Bombardierung 1999 schwer beschädigt, aber bald wiederhergestellt. Das Bauwerk, dessen Rückseite dem Finanzpark zugewandt ist, wird von der serbischen Regierung genutzt. In seinem Hof wurde der Reformer und Kanzler Zoran Djindjić am 12. März 2003 von einem Heckenschützen erschossen.

Das kleine geschmackvolle Haus mit der **Nr. 40** ist charakteristisch für die Straße. Es wurde 1903 von Nikola Nestorović als sein eigenes entworfen und wird noch immer von seinen Nachkommen bewohnt.

Vorbei an der amerikanischen Botschaft, die wie überall auf der Welt übertrieben gesichert ist, gelangen Sie zum **Haus von Živojin Babić** mit der Nr. 54. Die fantasievoll und kunstfertig eingesetzten Elemente des serbischen mittelalterlichen Stils (wie Schachbrettmuster und Halbkuppeln) machen es zum besten Werk von Jovan Novaković aus dem Jahre 1910.

Haus von Živojin Babić

Am unteren Ende der Straße sind die vier Bauten der verschiedenen Abteilungen für Innere Sicherheit gruppiert. Zuerst, linkerhand, eines der Gebäude des **Alten Bundesinnenministeriums**, entworfen 1932 von D.T. Leko für das Ministerium für Sozialpolitik. Starke Pfeiler in einem schlichten Rahmen weisen auf einen eklektizistischen Modernismus hin, nehmen aber auch schon die totalitaristische Architektur vorweg. Das Gebäude ist übersät mit den Spuren der letzten Bombardierung.

Daneben, an den Abhängen zur Straße und zum Autobahnknoten, erhebt sich das neue Bürogebäude des **Innenministeriums**, ein Werk von Ivan Antić von 1979-83, das während der NATO-Bombardierung zerstört wurde und gegenwärtig auf seine Sanierung wartet.

Bombardiertes Innenministerium an der Kneza-Miloša-Straße

Auf der anderen Straßenseite steht ein seltenes Beispiel echter monumentaler realsozialistischer Architektur in Belgrad, das **Bundesinnenministerium**. Erbaut 1947 nach den Plänen von Ludvig Tomorio, hat es seit 1999 ein zugiges Loch in seiner Mitte. Über seinem Haupteingang ist noch immer das Staatswappen des Sozialistischen Jugoslawiens zu sehen - sechs Fackeln, für jede Republik eine, die in einer gemeinsamen Flamme brennen und das Datum der Proklamation der Republik, der 29. November 1943.

Am Ende mündet die Kneza-Miloša-Straße in den **Autobahnknoten „Mostar"** der Autobahn Niš – Zagreb, einst „Autobahn der Brüderlichkeit und Einheit" genannt. Ironischerweise wurde diese wichtige Verkehrsader, die Slowenien, Kroatien, Serbien und Mazedonien verbinden sollte, nie ganz fertig gestellt. Die graziöse Brücke mit dem Namen **„Gazela"** (Gazelle) führt auf die andere Seite der Sava.

Lava Bar (Kneza Miloša 77) - Diese schicke Bar hat drei verschiedene Bereiche, die vom Genießen eines stilvollen Weines bis zu Livemusik alles bieten.

Šumenko (Savska 21, Tel. 361-38-39) – Authentische Gaumenfreuden direkt aus dem Herzen Serbiens zu erschwinglichen Preisen und ohne ein Spur von Affektiertheit.

❷ Eisenbahnmuseum

Železnički muzej

Ecke Sarajevska-Biri*čaninova;* Tel. 3610-334; geöffnet werktags 8-15h, an den Wochenenden nur für angemeldete Gruppen, Eintritt frei.

Schuhputzer an einer Straßenecke

Ein weiteres der kleinen Museen von Belgrad, das Eisenbahnmuseum, ist in dem riesenhaften Gebäude des Verkehrsministeriums untergebracht. Dieses etwas furchteinflößende Koloss in nüchternem, pseudo-klassizistischem Stil wurde 1930 nach den Entwürfen von Svetozar Jovanović errichtet, im Zenit der Erfolge der Eisenbahn, als, im Gegensatz zu heute, Serbiens Züge ein bewundertes Beispiel von Ordnung und Pünktlichkeit waren. Noch immer befindet sich das Hauptbüro der Serbischen Eisenbahn im Gebäude.

Haupteingang des Hauptbahnhofs

Der Eingang zum Museum ist rechts des Haupteingangs, neben der Schmalspur-Dampflok. Es eröffnete 1953 als erstes Technikmuseum des Landes. Leider ist seitdem seiner Modernisierung nicht viel Aufmerksamkeit geschenkt worden. Es zeichnet die Geschichte der Eisenbahn allgemein und speziell im Königreich Jugoslawien, in Kosovo (damals Teil des Osmanischen Reiches), der Vojvodina (als Teil von Österreich-Ungarn) und im Königreich Montenegro nach. Die Ausstellung umfasst Modelle von Dampfloks, originale Ausstattung, Zeichnungen und Fotos.

❸ Hauptbahnhof

Glavna Železnička stanica

Der Savski trg liegt an der Stelle des einstigen Sumpfgebiets Crni Lug (Schwarzes Wasser), das sich hier parallel zur Sava etwa 3 Kilometer Richtung Süden erstreckte. Später, als die Gegend etwas gepflegter aussah, taufte man sie humorvoll den „Tümpel von Venedig" (*Bara Venecija*). Umsäumt von Schilf und mit den angrenzenden Mulden, aus denen Lehm gegraben wurde, war dies ein Ort, an dem sich Kleinkriminelle versteckten und wo die Karawanen rasteten, bevor sie nach Hause zurückkehrten. Das flache Wasser war ideal für ungeübte Schwimmer und im Winter, wenn alles zugefroren war, kamen die Leute gerne zum Schlittschuhlaufen hierher. Teilweise wurde der Sumpf aufgefüllt, als die Stadtmauern abgebrochen wurden (1868) und mit der Errichtung des Bahnhofs verschwand fast alles.

Der Hauptbahnhof wurde 1884 als erster in der Stadt und erster in Serbien überhaupt gebaut. Der Entwurf stammt von dem Architekten Dragutin Milutinović, dem Sohn des berühmten klassizistischen Dichters Sima Milutinović Sarajlija. Im Ersten und besonders im Zweiten Weltkrieg schwer beschädigt, erinnert im Inneren nichts an die ursprüngliche Gestaltung, das äußere Erscheinungsbild blieb

Die Dampflok von Marshall Titos „Blauem Zug"

jedoch fast ganz erhalten, bis auf die alten Wappen über den Eingängen. Der Bahnhof lag an der viel befahrenen Strecke von Wien nach Istanbul und war eine der Stationen des berühmten Luxuszugs Orient Express, der zu seiner Glanzzeit in den 1930ern Schauplatz vieler Novellen war, wie etwa bei Agatha Christie und Graham Greene.

Links des Haupteingangs steht die **alte Dampflokomotive**, die zwischen 1947 und 1957 den berühmten „Blauen Zug" (*Plavi voz*) zog, mit dem Marschall Tito durch Jugoslawien zu reisen pflegte.

Im Flügel rechts des Haupteingangs ist ein zusätzlicher Eingang und dort befindet sich ein kleiner Infopunkt der belgrader Fremdenverkehrsorganistion.

❹ Mali Pijac

Parallel zum Fluss Sava verläuft die Karadjordjeva Straße, die wichtigste in diesem Stadtteil. Mali pijac („Kleiner Platz") ist die alte Bezeichnung für einen breiten Teil der Karadjordjeva Straße an der Stelle, wo sie auf mehrere andere Straßen trifft. Mali Pijac ist am bekanntesten durch das alte aber immer noch beliebte Lied, das seine Überflutung durch die Sava beschreibt – bis zur Regulierung des Flussufers ein regelmäßiges Phänomen im Frühling. Dieses Viertel war immer mit dem Handel verbunden, besonders wichtig war der Flusshandel mit Bosnien und Kroatien. Seine rasche Entwicklung zu Beginn des 20. Jahrhunderts hat die Gegend den Bemühungen des angesehensten seiner Kaufmänner, Luka Ćelović-Trebinjac, zu verdanken. Nach schweren Zerstörungen in den beiden Weltkriegen und dem Niedergang des Flusshandels wurde diese Gegend zu einem der finstersten Orte der belgrader Innenstadt. Das arme Viertel wartet sehnlich darauf, dass das Versprechen der Politiker, Belgrad an seine Flüsse zurückzubringen, eingelöst wird.

Das eindrucksvollste Gebäude hier ist der **Neue Palast der Kooperative Belgrads**. Diese Gesellschaft wurde 1882 als erste serbische Versicherungsgesellschaft gegründet und stieg bald zur zweitgrößten Finanzinstitution des Landes auf, gleich nach der Nationalbank. Der neue Palast wurde von Ćelović-Trebinjac, dem Präsidenten der Kooperative, bei dem renommierten Architektenteam Stevanović-Nestorović in Auftrag gegeben und 1907 fertig gestellt. Der eklektizistische Bau nahm vor allem Einflüsse aus der damals zeitgenössischen französischen Architektur und aus dem Neobarock auf. Das mit Marmortreppe und Statuen ausgestattete Innere ist ebenfalls sehenswert.

Links davon steht das **„Bristol"-Hotel**, das einst der Kooperative gehörte. Es wurde 1912 nach den Entwürfen von Nikola Nestorović als eines der

Innenansicht des Gebäudes der Kooperative von Belgrad

Sezessionsarchitektur des Hotel Bristol

größten Objekte der Stadt errichtet. Ausnehmend schön sind die reichen Verzierungen im Stil der Sezession. Für 7 Monate im Jahre 1924 war das Hotel Sitz des gestürzten albanischen Premierministers Ahmet Zogu (später König Zog I.), bis er die Truppen neu formierte, um die Macht zurückzuerobern.

Auf der gegenüberliegenden Straßenseite stehen mehrere Gebäude weiterer wohlhabender Kaufleute der Savamala. Das gelbe **Vučo-Haus** von 1908 mit seinen schönen Balkons und Erkerfenstern wurde von D. T. Leko entworfen, einem Verwandten der Familie Vučo. In der Kraljevića Marka Str. 1 befindet sich das **Haus von Luka Ćelović-Trebinjac** aus dem Jahre 1903. Hier lebte der große Kaufmann bescheiden bis zu seinem Tod. Links schließt sich das Haus der reichen Krsmanović-Familie an. Der Entwurf von M. Savčić und G. Becker von 1894 ist dem Palais Kinsky in Wien nachgebildet.

Am Ort der heutigen Tankstelle stand bis 1909 das Hotel „Bosna“, von hier ansässigen Kaufleuten nach ihrer Heimat benannt. Die abendlichen Versammlungen dieser Kaufleute entwickelten sich spontan zu einer Börse; nach dem die Regeln des Handels festgelegt wurden, öffnete die Belgrader Börse 1895 offiziell im ersten Stock des Hotels.

5 Manak-Haus

Manakova kuća

Ecke Kraljevića Marka und Gavrila Principa Str.; Tel. 303-61-14; geöffnet Di-Sa 10-17h, samstags 9-13; Eintritt 100 Din

Als eines der seltenen Überreste orientalischer Architektur in Belgrad wurde das Manak-Haus 1830 für einen türkischen Aga (niedriger Feudalherr) gebaut, der hier mit seinem zahlreichen Harem einzog. Fünf Jahre später, als in Savamala die serbische Bevölkerung zu überwiegen begann, verkaufte der Aga das Haus an Manojlo Manak, dessen Namen es dank seines populären Kafanas im Erdgeschoss immer noch trägt. Seit 1969 ist das Haus Teil des Ethnologischen Museums, das hier die Kollektion von Hristifor Crnilović zeigt, einem Maler und enthusiastischen Erforscher und Sammler von Volkskunst. Die ständige Ausstellung, die man von der Seitenstraße (Kraljevića Marka) aus betritt, umfasst vor allem Volkstrachten und Schmuck, aber auch etliche originale Inneneinrichtungen. Der Souvenirladen im Eingang von der Gavrila Principa Str. aus bietet ein große Auswahl an Kunsthandwerk.

6 Branko-Brücke

Brankov most

Die Branko-Brücke ist die Hauptbrücke, die die Innenstadt mit Neu-Belgrad und Zemun

Die berühmte traditionelle Konditorei „Bosiljčić“ in der Gavrila- Principa-Straße

Konditorei (Balkanska 36) – Dieser kleine Laden bleibt mit heute seltenen orientalischen Süßigkeiten der Tradition treu.

KC Grad (Braće Krsmanovića 2) –eine Gallerie mit kleinem Kunstladen am Tag und Konzertbühne für junge Künstler am Abend.

Bonbonerie Bosiljčić (Gavrila Principa 14) – Hausgemachte Süßigkeiten nach altbelgrader Art. Der türkische ratluk in verschiedenen Geschmacksrichtungen ist ein Muss.

Vinski podrum (Karadjordjeva 31) – Am Ende des schmuddeligen Hinterhofes betritt man eine künstliche Höhle, die sich am Abend mit jungen Leuten füllt, die hier selbstgekelterten Wein genießen.

Das Manak-Haus, ein seltenes Überbleibsel orientalischen Stils in Belgrad

verbindet und für den Stadtverkehr ein Nadelöhr darstellt . Sie wurde ursprünglich 1930-34 als erste Brücke für Fahrzeuge und Fußgänger über die Sava gebaut (vorher gab es nur eine Eisenbahnbrücke) und verband so zum ersten Mal Belgrad und Zemun. Die imposante Hängebrücke, die romantisch-historistische Architektur mit moderner Ingenieurstechnik verband, wurde damals nach König Aleksandar benannt, der ein paar Monate zuvor in Frankreich in Marseille ermordet worden war. Die ursprüngliche Brücke wurde in der Nacht des 11. April 1941 von der sich zurückziehenden Jugoslawischen Armee zur Explosion gebracht, als die Deutschen sie zu überqueren drohten. Es stellte sich heraus, dass die Zerstörung sinnlos war, denn Belgrad fiel nur zwei Tage später in dic Hände der Nazis. Von der Originalkonstruktion blieben nur die monumentalen schweren Pfeiler, die von Nikolaj Krasnov in von serbischer mittelalterlicher Kunst inspiriertem Stile entworfen wurden.

1955 wurde sie als Bogenbrücke wiederaufgebaut und in „Brücke der Brüderlichkeit und Einheit“ (*Most bratstva i jedinstva*) umbenannt, entsprechend dem Staatsprogramm des sozialistischen Jugoslawien, das idealistisch eine einfache Lösung der ethnischen Fragen innerhalb des Landes in Aussicht stellte. Doch weil der Name zu lang war, wurde er nie benutzt und die Bürger erfanden die neutrale Bezeichnung „Branko-Brücke“, nach der Branko-Straße, die von der Belgrader Seite auf sie zu führt. Wenn man bedenkt, dass dieser „Branko“ tatsächlich Branko Radičević (1824-53) ist, ein populärer romantischer Dichter, der voller Sehnsucht die Vereinigung der Serben auf beiden Seiten der Sava und Donau besang, kann man sagen, dass dieser zufällige Name perfekt zu der Brücke passt.

Von der ursprünglichen Brücke aus den 1930ern blieben nur die Pfeiler. Am sehenswertesten sind die beiden auf der Altbelgrader Seite, deren Kapitelle reich mit Bildern geschmückt sind - Kopien aus mittelalterlichen serbischen Klöstern.

An der Stelle des östlichen Pfeilers stand bis 1930 die Kafana „Kičevo“, ein bevorzugter Treffpunkt der Leute von den Docks. Wegen der ständigen Schlägereien wurde der Ort auch die „Blutige Kafana“ genannt. Während ihres Abbruchs wurden im Boden unter dem Klo zwei menschliche Skelette gefunden!

Der Obelisk erinnert an die erste Konferenz der Blockfreien Staaten

Die Branko-Brücke überspannt die Sava

ZEMUN

Obwohl bis 1934 Zemun eine separate Stadt war, ist ihre Geschichte immer eng mit der ihres größeren Nachbarn verbunden gewesen. Oft kam es dazu, dass eine der beiden Städte am Unglück der anderen profitierte, zum Beispiel im 18. Jahrhundert, als die Kaufleute von Belgrad ins österreichisch kontrollierte Zemun flohen und ihm zu einem enormen Aufschwung des Handels verhalfen. Auf der anderen Seite wurde im 19. Jahrhundert Zemun zum Fenster nach Europa und der Welt für das noch immer orientalische Belgrad. Diese kleine Stadt, die von der Donau lebt, entwickelte sich um den Hügel Gardoš herum, von dem aus man eine herrliche Aussicht auf die Stadt und ihre Kirchen hat und am Horizont Belgrad liegen sieht. Der Charme von Zemuns Gassen spiegelt noch immer viel von der Atmosphäre zur Zeit unter der Herrschaft des Habsburger Reichs. Als Teil von Belgrad büßte Zemun viel von seiner Einzigartigkeit ein und wurde zu einem unter anderen alten Vierteln einer Metropole; doch der lokale Stolz lebt weiter und die Zemuner erhielten sich ihre Liebe zu den kleinen Häusern und Straßen genauso wie die Leidenschaft für ihre breite Wasserstraße.

1. Platz der Flieger
2. Zemuner Park
3. Hauptstraße
4. Haus „Weißer Bär"
5. Bogorodičina-Kirche
6. Veliki trg
7. Magistratski trg
8. Karamata-Haus
9. Nikolajevska Kirche
10. Gardoš-Berg
11. Kai von Zemun
12. Große Kriegsinsel

lick vom Gardoš-Berg über die Dächer von Zemun

❶ Platz der Flieger

Avijatičarski trg

Der Platz der Flieger liegt am östlichen Rand des barocken Zentrums von Zemun. Er wurde am Beginn des 20. Jahrhunderts als erste Erweiterung außerhalb der Stadtmauern direkt vor dem zerstörten Belgrad-Tor angelegt.

worden, inzwischen wieder instandgesetzt, aber noch nicht vollständig im Betrieb. Auf der rechten Seite des Gebäudes befindet sich ein Denkmal als Erinnerung an die Flieger und Flugabwehrzugehörigen, die 1999 ihr Leben verloren. Um die Ecke, auf der Seite der Glavna Straße, steht die monumentale **Statue des Ikarus** von Zlata Markov-Baranji.

Generationen von Schülern haben sie durchlaufen: die Svetozar-Miletić-Grundschule

Der Platz wird dominiert von dem Gebäude der **Fliegerkommandantur**, einem bemerkenswerten Meisterstück modernistischer Architektur, erbaut im 1935 von Dragiša Brašovan. Nicht nur funktionell und modern, hat es auch eine symbolische Dimension, denn es imitiert die Form eines Flugzeugs. Das Gebäude wurde hier platziert, weil der Flughafen von Belgrad bis 1962 an den südlichen Außenbezirken Zemuns lag. General Dušan Simović, der Anführer des Militärputschs vom 27. März 1941, der die Verbindungen zwischen Jugoslawien und dem Deutschen Reich kappte, war zu dieser Zeit Oberbefehlshaber der Luftwaffe und schmiedete in diesem Gebäude zusammen mit anderen hochrangigen Kollegen den Plan für den Staatsstreich. Die Kommandantur ist bei Bombenangriffen 1999 beschädigt

Rechts der Fliegerkommandatur steht eine Reihe einstöckiger Häuser, die alle im Zeitraum von 1908 bis 1912 gebaut wurden. Das erste von links war die Kooperative für die Drainage der südöstlichen Srem, eine für das Leben der Stadt wichtige Institution, denn sie war auf zwei Seiten von Marschland umgeben.

In der Mitte des Platzes steht das große **Denkmal** gewidmet den Bürgern von Zemun, die im „Nationalen Befreiungskrieg", wie der 2. Weltkrieg im kommunistischen Jugoslawien genannt wurde, ihr Leben ließen. Es stammt von Jovan Kratohvil und wurde am 24. Oktober 1954, dem zehnten Jahrestag der Befreiung der Stadt Zemun, enthüllt.

Hinter dem Denkmal befindet sich die **Grundschule „Svetozar Miletić"**. Das Gebäude wurde 1913 von den zagreber Architekten Viktor Kovačić und Hugo Erlich entworfen und beeindruckt durch seine Schlichtheit und neoklassizistische Details. Auf der anderen Seite der Schule, in der Nemanjina Straße, befindet sich die **Fakultät für Landwirtschaft** von 1933. Ihr schönstes Element ist die Allegorie des Ackerbaus über dem Portal an der Hauptfassade. Diese Fakultät war und ist der einzige Teil der Belgrader Universität, der sich, dank der fruchtbaren Umgebung, in Zemun befindet.

❷ Zemuner Park

Zemunski park

Der Zemuner Park (auch bekannt als Gradski oder Stadtpark, womit Zemun stolz daran erinnert, dass es eine Stadt innerhalb der Stadt ist) eröffnete im Jahre 1880 an der Stelle des *Kontumac*, der größten Quarantänestation an der Grenze zwischen Österreich und der Türkei. Da es in der Türkei keine Hygienevorschriften gab, um ansteckende Krankheiten zu bekämpfen, waren tödliche Epidemien häufig und die Quarantänestation war im 18. und in der ersten Hälfte des 19. Jahrhunderts

Ikarus-Figur an der Seite des Kommandatur-Gebäudes

St. Michael-Kapelle in Zemun

und wurde schließlich 1872 geschlossen.

Die einzigen Überreste des Komplexes sind zwei Kapellen: die orthodoxe (1786) ist dem **Hl. Erzengel Michael** geweiht und die katholische (1836) dem **Hl. Roch**. Die orthodoxe Kapelle dient heute als Frauenkloster für die Schwesternschaft, die wegen des Bürgerkriegs aus Kroatien floh. Wenn Sie

in Betrieb. Alle Reisenden, Händler und ihre Waren aus der Türkei mussten hier für drei Wochen bleiben. Sogar die Briefe wurden zur Dekontaminierung hierbehalten und später weiter geschickt. Kontumac war eine eigenständige Einheit mit eigenen Kapellen, Friedhof, Gefängnis und ähnlichen Anlagen. Die Quarantäne selbst hatte ein „Parlatorium", (von Italienisch *parlare*, sprechen), einen Ort an dem die Kaufleute von Zemun und Belgrad sich in sicherem Abstand treffen konnten, um sich zu unterhalten oder Geschäfte zu machen. Ein Käufer aus dem Osmanischen Reich hatte das Geld für die Ware zur Desinfektion in einen mit Essig gefüllten Topf zu werfen. An diesem Ort erhielten die Habsburger Behörden auch wichtige Geheimdienstinformationen. Als der neue serbische Staat seine eigenen Einrichtungen für die Bekämpfung von Infektionen bekam, verlor Kontumac seinen Zweck

die Westseite der Kapelle betrachten, sehen Sie eine seltsame Reihe von Türen, insgesamt acht: sie wurden als separate Eingänge für die in Quarantäne befindlichen Gläubigen und den örtlichen Priester

Mußestunde an einem Herbstnachmittag im Park von Zemun

benutzt. Die Ikonostasis von 1831 ist das Werk der weniger bekannten heimischen Künstler Dimitrije Bratoglić und Konstantin Lekić. Das

Denkmal der Kreuzigung vor der Kirche stammt von dem armenischen Bildhauer Ruben Nalbandian aus dem Jahre 1993.

Hinter den Kapellen ist die Hauptfassade des **Gymnasiums von Zemun** (*Zemunska gimnazija*) zu sehen, das 1879 im strikten Stil der akademischen Neorenaissance gebaut wurde. Es wurde 1912-16 mit einem Anbau in einem anderen Stil, aber mit gleichen Proportionen versehen, sodass er mit dem älteren Teil eine Einheit bildet.

❸ Hauptstraße

Glavna ulica

Die Hauptstraße von Zemun ist gleichzeitig die älteste: die Hauptstraße von *Taurunum*, der römischen Vorgänger-Stadt von Zemun, verlief an der selben Stelle. Später war sie Teil einer viel längeren Straße, die zwei wichtige österreichische Festungen der Region miteinander verband – Belgrad und Petrovaradin (heute ein Teil von Novi Sad). Ganz abgesehen von dieser Funktion war sie immer eine der wichtigsten Handelsrouten. Obwohl sie einen Großteil ihres Charmes eingebüßt hat, rühmt sie sich noch immer einer Reihe interessanter Gebäude.

Gleich hinter der immer gedrängt vollen Bushaltestelle auf der rechten Straßenseite steht mit der Nr. 6 das **Geburtshaus von Dimitrije Davidović** (1789-1838), Journalist, Diplomat und hauptsächlicher Schöpfer der ersten serbischen Verfassung von 1835. Nach der Einmündung der nach ihm benannten Gasse liegt die Hauptpost von Zemun, entworfen 1896 von dem städtischen

Zemun Hauptstraße

Architekten Dragutin Kapus in einer Mischung aus Neorenaissance und nordischem Barock. Am 5. November 1935 kam vor der Hauptpost die erste Straßenbahn an, die Zemun und Belgrad verband und eröffnete damit eine neue Ära in der Entwicklung der beiden Städte. Daran schließt das **Hotel „Central"** an (J. Hartl, 1894), das dem berühmten zemuner Hotelier Streicher gehörte. Heute ist das Hotelgebäude ein trauriger Abglanz dessen, was es zur Zeit seiner Eröffnung war, als es das erste elektrisch beleuchtete Gebäude der Stadt war und von seinem eigenen Miniatur-Elektrizitätswerk mit Energie versorgt wurde.

Auf der gegenüberliegenden Seite steht das **Gebäude des Generalkommandos von Zemun**. Der originale Bau von 1783 wurde 1955 komplett saniert und verlor seine ursprüngliche Erscheinung. Die Institution des Wehrkommandos wurde 1739 etabliert, als Zemun der entfernteste Punkt des Habsburger Reiches in Richtung Türkei war. Da Zemun unter der Autorität der Militärgrenze (*Vojna Krajina*) stand, war das Kommando die wichtigste Institution in der Stadt, die das Magistrat, die Post und sogar den Handel kontrollierte. Seine Hauptfunktion aber war, ein Auge auf die belgrader Türken und ihre Bewegungen zu haben und ein Geheimdienst-Netzwerk auf ihrem Territorium aufzubauen. 1804 war dieses Gebäude der Schauplatz des Treffens zwischen Karadjordje und anderen Anführern des Aufstands auf der einen und den Türken von Belgrad auf der anderen Seite. Nach 1918 wurde es zum Sitz des Hauptkommandos der Marine. Das rot gestrichene Haus auf der rechten Seite ist das **Haus der Stefanović-Vilovski-Familie**, die vor allem für Teodor bekannt ist (1854-1920), der sich als einer der ersten eingehend mit der Geschichte von Belgrad und Zemun beschäftigte, aber auch für dessen Bruder Jovan (1821-1902), der der erste serbische Gewässerkundler war und viel über die Regulierung der Donau schrieb. Nebenan steht das neogotische Haus (1840) der reichen Familie Spirta. Es beherbergt das Stadtmuseum, das zur Zeit wegen Renovierungsarbeiten geschlossen ist.

Vorbei am bunten Gebäude von McDonald's erreichen Sie die Ecke der Dubrovačka Str. und das so genannte **Sonnenuhrhaus**, 1823 im prunkvollen

Sonnenuhr-Haus Ecke Dubrovačka Straße

Madlenianum-Kammeroper

Empire-Stil erbaut. Der Name rührt von der Sonnenuhr an seiner Seite; der Anker im Tympanon weist darauf hin, dass der ursprüngliche Besitzer ein Fluss-Händler war. Hier lebte für einige Zeit der berühmte serbische Politiker und Schriftsteller Jovan Subotić (1817-1886). Die grüne Dubrovačka Straße war eine bevorzugte Wohnstraße der wohlhabenderen Bürger und hat noch immer viele schöne Häuser aus dem 19. Jahrhundert.

Zur Rechten öffnet sich die **Gospodska (Herren-) Straße**, seit einigen Jahren eine Fußgängerzone. Nach der Hauptstraße die wichtigste und vornehmste, lebten hier viele prominente Familien. Trotz der schweren Zerstörungen in der Bombardierung von 1944 blieben die meisten Häuser mit einigen Veränderungen erhalten, obwohl die Atmosphäre gut situierter Geschäfte und Wohnhäuser in den Jahrzehnten sozialistischer Gleichheit verschwand.

Die Straße weiter entlang erreicht man die **Kammeroper „Madlenianum"**. Dieses Gebäude wurde 1969 für das Theater von Zemun gebaut, um die Reihe der Kaufmannshäuser zu ersetzen, die zerstört worden waren, als der Stadtkern 1944 durch die Bomben der Alliierten vernichtet wurde. Die Kammeroper eröffnete 1998 und ihre Frontseite wurde 2004 dem modischen Stil der Institution entsprechend umgestaltet. Das atypische Repertoire dieses kleinen aber beständigen Opernhauses bringt die nötige Frische in das Theaterleben Belgrads.

Das **Haus der Afrodita Bialo** mit der Nr. 45 vom Beginn des 19. Jahrhunderts ist ein weiteres Beispiel des Empire Stils, der bei den Bürgern von Zemun recht beliebt war. Es hat eines der schönsten Holztore der Stadt.

Die Hauptstraße endet mit dem **Muhar Haus** an der linken Ecke mit der Vasilija-Vasilijevića-Straße. Gebaut 1909 von Josef Krauss, einem bekannten zemuner Bauherrn, der für viele Entwürfe in der Stadt verantwortlich ist, schmückt es ein traditionelles Erkerfenster, das mit dekorativen Elementen im neuen Sezessionsstil betont wird. Der Inverstor, der Kaufmann Ivan Muhar, hätte sich wahrscheinlich nie träumen lassen, dass die prägnante Eckposition seines neuen Zuhauses seinen Namen ins kollektive Gedächtnis seiner Mitbürger einschreiben würde und dass der Begriff *Muhar* zum ersten Orientierungspunkt in jeder diesen Stadtteil betreffenden Erklärung, werden würde.

❹ Haus „Weißer Bär"

Beli medved

Vasilija Vasilijevića Str. 10

Nur ein kurzes Stück Wegs von der Hauptstraße aufwärts steht der „Weiße Bär", das älteste Haus in Zemun und in ganz Belgrad. Es ist bezeugt, dass hier Prinz Eugen von Savoyen unmittelbar nach der Eroberung der Stadt 1717

„Haus des Weißen Bären", das älteste von Belgrad

eine Nacht verbrachte und seinen Angriff auf Belgrad vorbereitete. Aus diesem Grund wird dieses Gebäude auf die Mitte des 17. Jahrhunderts datiert und es ist das einzige, das die Zeit der türkischen Herrschaft über die Stadt überstanden hat. Sein quadratisches Fundament und der offene Vorbau geben zu erkennen, dass es sich um einen *Čardak* handelt, einen von Wächtern benutzten Beobachtungsturm. Der Name rührt aus neuerer Zeit her, als sich die populäre Kafana „Weißer Bär“ darin befand. Heute wird es als gewöhnliches Haus benutzt und ist leider nicht öffentlich zugänglich.

Die langen Fassaden des Serbischen Hauses

5 Bogorodičina-Kirche

Bogorodičina crkva

Dieses orthodoxe Gotteshaus ist der Geburt der Heiligen Muttergottes gewidmet, gebaut 1775-83 ersetzte es eine ältere Kirche. Wie schon zur Zeit ihrer Vollendung, ist dies die größte Kirche Zemuns. Die hohe Ikonostasis schnitzte und vergoldete Aksentije Marković, die Ikonen sind ein Werk von Arsa Teodorović. Gefertigt 1815 gelten sie als bestes Werk dieses klassizistischen Malers. Das monumentale neoromantische Gebäude des **Serbischen Hauses** (*Srpski dom*) schließt den Hof von zwei Seiten her ab. Es diente als serbische Schule und Versammlungsort, aber auch Wohn- und Geschäftszwecken.

Um die Ecke in der Bežanijska Straße Nr. 18 steht das hübsche klassizistische **Ičko-Haus** (*Ičkova kuća*) aus dem Jahr 1793 mit einem hohen Giebel. Es ist nach dem Kaufmann Petar Ičko benannt, der sich im Winter 1802 auf der Flucht vor der türkischen Gewalt in Belgrad hierher zurückzog. Später sollte Ičko einer der wichtigsten Diplomaten des aufständigen Serbiens werden und 1807 ein Friedensabkommen schließen, das die Grundlage der serbischen Unabhängigkeit werden sollte.

Eingang zum Hof der Bogorodičina-Kirche

6 Veliki trg

Der „Große Platz“, wie sein Name aus dem Serbischen übersetzt lautet, war immer das Handelszentrum der Stadt. Auf eine Art dient er heute dem selben Zweck, jetzt aber als kleinerer offener Markt, auf dem frische Lebensmittel und die für die Ökonomien des Übergangs typischen Billigwaren angeboten werden. Die katholische **Kirche der seligen Jungfrau Maria** steht auf der Seite, auf der in türkischer Zeit die einzige Moschee in Zemun stand. Sofort nach der Übernahme der Stadt durch die Österreicher verlor die Moschee ihr Minarett, wurde für den katholischen Gottesdienst umgebaut und blieb die nächsten 80 Jahre als Provisorium bestehen. Das heutige Gebäude stammt aus dem Jahre 1794 und trägt Elemente des Empire-Stils und Barocks.

Die Hauptfassade zieren die Figuren des Hl. Florian und des Hl. Johannes von Nepomuk. Im kleinen Hof kann man ein Säulenkapitell der katholischen Kirche von Franzensthal sehen, einer Vorstadt Zemuns, die bis 1944 ausschließlich von Deutschen bewohnt war. Gleich nach der Befreiung der Stadt durch die kommunistischen Partisanen wurde die Kirche niedergerissen und die Vorstadt

Schwurkreuz und Katholische Pfarrkirche

mit obdachlosen Familien aus Bosnien und Kroatien besiedelt. Symbolisch wurde die Vorstadt in Sutjeska umbenannt, nach einem Ort, an dem die Partisanen gegen die Nazis kämpften.

Auf der anderen Seite des Platzes, an der Ecke mit der Zmaj Jovina Straße, steht das **Gebäude der Kafana „Bei der Schnecke"** (*Kod puža*) von 1911. Es ist gekrönt von einer großen Kuppel und vier Statuen, die Figuren aus der griechischen Mythologie verkörpern - ungewöhnlich edel für eine Kleinstadt-Taverne.

7 Magistratski trg

Dieser lang gezogene Platz war damals wie heute Standort der Stadtverwaltung. Das hellblaue Gebäude wurde 1832 von Josef Felber in einfachem aber durchgängig klassizistischem Stil für das **Stadtmagistrat** entworfen. Die Serbische Radikale Partei, die Zemun von 1997 bis 2000 regierte, tünchte die Fassade in ihren Farben. In einer seltsamen Folge von Ereignissen kaufte sie das Gebäude von sich selbst zurück, und das auf einer Auktion, die sie selbst organisierte.

Links davon befindet sich das **Rathaus** von Zemun, einst Sitz der Stadtverwaltung. Nach der Zerstörung in der Bombardierung von 1944 rekonstruierte D. Tadić das Gebäude, dessen wichtigste Stilmerkmale er erhielt.

Auf der anderen Seite des Platzes steht das so genannte **„Schwurkreuz"** (*Zavetni krst*), das der Kaufmann Lazar Urošević 1863 aus Reue für sein sündiges Spielerleben errichtete. Ihm gegenüber steht das malerische Haus der **Treščik Apotheke**. 1828 errichtet, zeigt es eine einfache klassizistische Fassade und ein hohes Dach, das als Herbarium benutzt wird und dem Haus eine besonders altertümliche Aura verleiht.

8 Karamata-Haus

Karamatina kuća

Das Haus steht mit der Nr. 17 in der gleichnamigen Straße. Der älteste Teil mit dem Mansardendach wurde 1762 gebaut, seine gegenwärtige Erscheinung mit den drei verschiedenen Trakten stammt jedoch von 1824. Das Haus wurde 1772 von Dimitrije Karamata gekauft, einem Handelsmann, der frisch aus Mazedonien gekommen war. Seitdem ist es im Besitz der Familie, die viele wichtige Persönlichkeiten der serbischen Geschichte stellte. Es ist berühmt für die vielen illustren Persönlichkeiten, die hier zu Gast waren oder eine Zeit lebten, als es lange das vornehmste Haus von Zemun war. Während des Kriegs mit den Türken 1789 war es der Sitz des österreichischen Oberbefehlshabers Marschall Laudon. Zur Zeit der Belagerung Belgrads im selben Krieg nächtigte hier Kaiser

Das berühmte Karamata-Haus

Joseph II., als er die Front besuchte. Im Laufe der Revolution von 1848 war der serbische Patriarch Josif Rajačić zu Gast bei Atanasije Karamata, der der Kassier des revolutionären Nationalkomitees der serbischen Vojvodina war.

9 Nikolajevska Kirche

An der Ecke zwischen Njegoševa und Sindjelićeva Straße liegt die orthodoxe Kirche, die der Überführung der Reliquien des Hl. Nikolaus geweiht ist. Dieser Heilige ist der Beschützer der Fischer und Bootsmänner, die den größten Teil der Kirchengemeinde stellten. Das kleine hölzerne Gebetshaus an dieser Stelle wurde bereits im Jahre 1573 erwähnt. Die heutige Kirche wurde von 1721 bis 1731 gebaut und ist so die älteste in Zemun und in ganz Belgrad. Der altertümliche Eindruck wird verstärkt von den Strebepfeilern, den alten Grabsteinen an den Mauern und dem Glockenturm, der lose an das Kirchenschiff angebaut ist.

Die Schönheit des Kircheninneren ist durch endlose Rekonstruktion zerstört. Die hohe Ikonostasis aus dem 18. Jahrhundert wurde von Dimitrije Bačević bemalt, der in unverwechselbarer Weise den Byzantinischen Stil mit Elementen aus der Renaissance und dem Barock kombinierte. Die Wandgemälde und eine Reihe der Ikonen in einer warmen aber naiven Art schuf der Maler Živko Petrović von 1866-68. In der Kirche werden die Reliquien des Hl. Andreas des Erstgerufenen (dem Bruder des St. Peter) und die farbenprächtigen Fahnen der Gilden von Zemun aufbewahrt.

Gemälde in der Nikolajevska Kirche

Malerische Kopfsteinpflasterstraße auf den Gardoš

Das Haus mit dem hohen hölzernen Giebel direkt gegenüber auf der anderen Straßenseite vom Ende des 18. Jahrhunderts ist eines der herausragenden Beispiele für die typische Architektur dieses von Fischern bewohnten Viertels. Es war vor allem bekannt für den „Blauen Hecht" („Plavetna štuka"), ein beliebtes Nachtlokal des alten Zemun, das von den ehrbaren Bürgern wegen der häufigen Schlägereien gemieden wurde.

10 Gardoš-Berg

Diese stumpfe Anhöhe ist das Herz von Zemun. Von der Burg auf ihrer Kuppe aus, erstreckte sich die erste Siedlung den Abhang hinunter, die aus halb in den Boden eingegrabenen kleinen Häusern bestand. Die ebenfalls aus Erde (serbisch *zemlja*) gebaute Festung verlieh der Stadt ihren Namen. Der Berg selbst wird als Gardoš bezeichnet, die ungarische Aussprache des slavischen Wortes *grad*, das „Burg" bedeutet. Diese malerische Gegend war von Fischern bewohnt, die in kleinen mit Schilf gedeckten Lehmhütten lebten, die den Hang hinauf aufgereiht standen. Heute beschämend verwahrlost, verlor der Gardoš viel von seinem Charme, gehört aber immer noch zu den beliebtesten Zielen der Belgrader. Das Uferviertel, eingezwängt zwischen dem Berg und

Semlin Art (Fruškogorska 7) - Ein kleiner cooler Ort wo man Serbischen Wein, einen guten Kaffee oder moderne Snacks genießen kann.

Salaš (Sindjelićeva 34) – Ein kleines Stück der vojvodinischen Ebene in Belgrad, mit schmackhaften Spezialitäten, die in traditionell und mit Witz gestaltetem Ambiente serviert werden.

Balkan Express (Despota Djurdja 22) – Nicht weit hinter dem Sibinjanin-Janko-Turm mit hinreißendem Blick auf die Donau ebenso gutem Essen.

Möwen mit Gardoš im Hintergrund

der Donau, ist voller Cafés und Restaurants, vom berühmten „Šaran" und dem modischen „Reka" bis zu billigeren Lokalen wie dem „Radecki".

Der einfachste Weg auf den Gardoš führt über die Sindjelićeva Straße, man kann aber jede beliebige Gasse oder Treppe hinauf steigen. An seinem höchsten Punkt steht der Tausendjährige Turm, besser bekannt als **„Turm des Sibinjanin Janko"** (*Kula Sibinjanin Janka*). Sibinjanin Janko ist der in den serbischen Volksepen benutzte Name für den ungarischen Heeresführer Johann Hunyadi (*Siehe Kasten*). Er starb hier 1456 an der Pest, nachdem er seinen größten Sieg über die Belgrad belagernden Türken errungen hatte. Der Turm aber wurde 1896 anlässlich der Tausendjahrfeier der Ankunft der Ungarn in der pannonischen Ebene errichtet. Ein solcher Turm wurde an jedem der vier Kardinalpunkte Ungarns errichtet, und Zemun wurde, als südlichster Punkt, mit einem ausgestattet. In Folge der territorialen Veränderungen nach dem 2. Weltkrieg blieben die Türme weit entfernt von den neuen ungarischen Grenzen zurück und wurden bis auf diesen hier zerstört, da man sie als Symbole der ungarischen Vorherrschaft verstand. Das außergewöhnliche Bauwerk, eine wilde Mischung unterschiedlichster historischer Stile, dient als Aussichtspunkt. Für beinahe eine Dekade war der Turm für Besucher geschlossen, doch nun ermöglicht er wieder einen großartigen Panoramablick auf Zemun, den Zusammenfluss von Donau und Sava sowie auf das sich weit über die Hügel erstreckende Belgrad (*geöffnet Mo-Fr 10-13 und 16-19 Uhr, Wochenends 11-20 Uhr, Eintritt 150 Din*). Der Turm steht in der Mitte der verwahrlosten

Janos (Johann) Hunyadi wurde 1400 als Sohn eines niedrigen Adligen im ungarischen Transsylvanien geboren. Er stieg schnell als Mitglied im Gefolge des Königs Sigismund auf und wurde Statthalter einer Grenzprovinz. Nachdem Sigismund 1440 starb, unterstützte Hunyadi erfolgreich die Kandidatur des polnischen Königs Vladislav für den ungarischen Thron und wurde mit großen Ländereien und der Statthalterschaft von Transsylvanien belohnt. In den nächsten Jahren führte er mehrere Angriffe auf die Türken; seine militärischen Erfolge wurden mit dem „Langen Feldzug" von 1443/44 gekrönt, mit dem er bis nach Sofia in Bulgarien vordrang. Vom Papst angetrieben setzten Vladislav und Hunyadi trotz des Friedensvertrags den Krieg gegen den Sultan fort, mussten aber 1444 bei Varna eine totale Niederlage hinnehmen, bei der der König das Leben verlor. Da der neue König ein 4-jähriges Kind war, wurde Hunyadi Regent des Königreichs und tatsächlicher Herrscher Ungarns. 1448 führte er wiederum Krieg mit dem Sultan, verlor aber die zweite Schlacht auf dem Kosovo. 1456 sammelte Sultan Muhammad der Eroberer eine große Armee und zog gegen Belgrad, die Schlüsselfestung der ungarischen Verteidigung im Süden. Hunyadi füllte die Vorräte der Stadt auf und sammelte hastig seine Truppen. Er kam gerade zur rechten Zeit, durchbrach die Belagerung und bezwang die Armee des Sultans vor der Stadt im größten Sieg der Christen seit Jahren. Da zehntausende von Leichen unbegraben zwischen den Mauern lagen, brach die Pest aus und Hunyadi starb einen Monat später im Schloss von Zemun. Er bleibt in Erinnerung als einer der erfolgreichsten Feldherren seines Zeitalters und wird als Kriegsheld im Kampf gegen die Türken von den Ungarn, Rumänen und Serben gleichermaßen verehrt.

Sibinjanin-Janko-Turm am Gipfel des Gardoš-Bergs

Ruinen des Schlosses von Zemun, die großteils aus dem 14. Jahrhundert stammen. Man kann noch die Reste der vier Ecktürme erkennen, die im Laufe der Zeit verfallen sind und um die sich nie jemand kümmerte.

Hinter dem Turm liegt der alte Friedhof, der in einen orthodoxen, katholischen und jüdischen Teil getrennt ist. Das bedeutsamste Bauwerk ist die gelbe Hariš-Kapelle, die 1875 von dem Architekten Svetozar Ivačković in seinem unverkennbaren neobyzantinischen Stil entworfen wurde. Die Gemälde an den Wänden und auf der Ikonostasis stammen von Pavle Simić.

11 Kai von Zemun

Zemunski kej

Genauso sehenswert wie der engere Teil der Uferpromenade unterhalb des Gardoš ist der übrige Kai in Zemun, wo man die Donau in ihrer ganzen Größe und Wärme erleben kann. Tagsüber wimmelt die Flusspromenade vor Spaziergängern und Fahrradfahrern, Fischer tauschen ihre Geschichten aus und viele genießen den weiten Blick auf den ursprünglich aussehenden Wald am anderen Ufer bei einer Tasse Kaffee. Abends ist das Flussufer ein beliebter Treffpunkt und hier drängen sich die Besucher der kleinen Restaurants und lebhaften Tavernen, in denen tamburaši-Kapellen aufspielen (tambura= Saiteninstrument aus der Familie der Laute). Im Hochsommer finden am Fluss Lesungen, Theatervorstellungen und Konzerte statt.

12 Große Kriegsinsel

Veliko ratno ostrvo

Die größte und geheimnisvollste der 16 Inseln von Belgrad, die Große Kriegsinsel, liegt an spektakulärer Position genau in der Mündung der Sava in die Donau. Die Insel entstand wahrscheinlich durch Ablagerungen etwa im 14. Jahrhundert, als sich die Hauptströmung der Donau verschob. In den folgenden Jahrhunderten wurde sie von der mächtigen Strömung des Flusses immer wieder umgeformt. Ihr Name kommt aus dem frühen 18. Jahrhundert und zeugt von ihrer strategischen Bedeutung in den Tagen, in denen zwei große Reiche in der Gegend von Belgrad aufeinander trafen: falls sie von der gegnerischen Seite gehalten wurde, konnte sie eine ernsthafte Bedrohung entweder für das türkische Belgrad oder das österreichische Zemun werden. Nach vielen Auseinandersetzungen um ihren Status wurde 1741 beschlossen, dass sie in zwei gleiche Teile geteilt und entmilitarisiert werden sollte. Ihr neutraler Status wurde jedoch missachtet, als die Türken 1788 von ihr aus Zemun beschossen und 1806, als die serbischen Aufständigen sie benutzten, um die Versorgung der Stadt vom Fluss aus zu unterbinden. Im Laufe des friedlichen 19. Jahrhunderts war die Insel in österreichischer

Hariš-Kapelle auf dem Friedhof von Zemun

Lidostrand an der Großen Kriegsinsel

Hand und wurde vor allem landwirtschaftlich genutzt – hier hatten viele der ärmeren Einwohner Zemuns ihre Gärten. Nach dem 1. Weltkrieg wurde an ihrer westlichen Spitze ein Sandstrand eingerichtet und es entstand das feinste Strandbad an der Donau. Nach einer der Inseln vor Venedig, die damals en vogue war, wurde es *Lido* getauft und eiferte ihrem Modell in allem nach. 1948 sollte die Große Kriegsinsel von der Landkarte gelöscht werden, als die Stadtplaner der Nachkriegszeit sie mit dem Ufer auf der Seite von Neu-Belgrad verbinden wollten; der Fluss jedoch behielt die Oberhand und die Bagger konnten nicht mehr Sand herbeischaufeln, als die Donau wegtrug. Die Insel führt ihr Dasein weiter wie sie das Jahrhunderte lang tat; ihre Isolation (obwohl sie in der Mitte einer Metropole liegt!), die regelmässige Überflutung und das dichte Gehölz machen sie zu einer Zufluchtsstätte für Dutzende von Vogelarten, die hier nisten.

Heute ist das westliche Drittel der Insel ein Naherholungsgebiet mit Strand und Sportplätzen, ein leicht erreichbares Ausflugsziel in den heißen Tagen für die Einwohner Zemuns und des angrenzenden Teils Neu-Belgrads. In der Mitte der Insel, wo noch immer viele Gärten und Hütten sind, soll eine Zone für ökologischen Landbau eingerichtet werden. Es gibt Bemühungen, den östlichen Teil, der vor allem von Silberreihern, Fischreihern, Kormoranen und Tauchern bevölkert ist, zum Vogelschutzgebiet erklären zu lassen.

Während der Saison verbindet eine Fähre das Festland von Zemun mit dem Lidostrand, die in der Nähe des Karadjordjev trg ablegt.

Ansicht der Großen Kriegsinsel zwischen Zemun und Belgrad auf einem Stich aus dem 18. Jhdt. (Stadtmuseum Belgrad)

Šaran (Kej oslobodjenja 53) - Wundervoll zubereiteter frischer Fluss- und Meeresfisch halten den guten Ruf dieses Restaurants seit Jahrzehnten aufrecht.

Šlep – Der gestrandete Schleppkahn ist nicht nur ein Lieblingsort der Fischer, vor allem wegen der minimalen Preise.

Paša – Die definitiv beste Fischsuppe in Zemun kann man in diesem Restaurant auf einem schwimmenden Kahn kosten.

Gurman (Dr Jovana Subotića 6) – Schmackhafte serbische Gerichte zu Livemusik.

HYPO

NEU-BELGRAD

Jahrhundertelang war die Gegend am Zusammenfluss der Sava und Donau ein öder und verlassener Sumpf vor den Hügeln, auf denen die Stadt Zemun entstand. Die freie Fläche blieb unbebaut, denn sie befand sich auf dem Grenzgebiet zwischen Österreich-Ungarn und Serbien. Als sich dies 1918 änderte und Belgrad zwischen den Weltkriegen schnell anwuchs, wurden die ersten Pläne, diesen Platz zu nutzen, auf den Weg gebracht. Der erste Schritt wurde 1938 mit der Anlage des Alten Messegeländes getan, doch der Prozess wurde vom Krieg unterbrochen.

Nach dem Krieg hatte der Kommunismus große Pläne für die Zukunft dieser sumpfigen *tabula rasa* – eine ganze neue Stadt für gleiche Arbeiter in gleichförmigen Wohnblocks. Nachdem die Sümpfe aufgefüllt waren, entstanden die ersten Gebäude entlang der breiten Straßen. Die Boulevards teilen Neu-Belgrad in 70 Blocks, die zu einem seiner Hauptmerkmale geworden sind, denn die Straßen sind zu lang und die Hausnummern sehr schwer zu verfolgen.

In den ersten Jahren seiner Existenz wurde dieser Stadtteil mit dem Militär assoziiert, da die meisten Wohnungen Offizieren zugeteilt wurden. Später galt er schlicht als „Schlafstadt von Belgrad", da es kein Unterhaltungsangebot und keine Kultureinrichtungen gab. In den schweren 1990-ern wurde Neu-Belgrad als großes Ghetto betrachtet, als kriminelles Viertel einer niedergehenden Metropole.

Dieser Teil der Stadt veränderte sich in den letzten Jahren dramatisch und entwickelte sich schnell zum Business- und Shopping-Center der Stadt. Neue Banken, Büros, Shopping Malls und Autosalons entstehen in überraschendem Tempo und werden bald die gesamte noch freistehende Fläche füllen. Damit gehört das ehemalige Image von Neu Belgrad als vergessenem Hinterhof der Stadt endgültig der Vergangenheit an.

1 Museum Zeitgenössischer Kunst

2 Mihailo-Pupin-Boulevard

3 Hotel Jugoslavija

4 West-Tor

5 St. Vasilije-von-Ostrog-Kirche

6 Ada Medjica

7 Luftfahrtmuseum

„Ewige Flamme"-Denkmal und *Ušće-Hochhaus*

Die Kuben des Museums für Zeitgenössische Kunst

1 Museum Zeitgenössischer Kunst

Muzej savremene umetnosti

Wegbeschreibung:
Bus Nr. 15, 84, 704E oder 706 von Haltestelle Zeleni venac bis zum ersten Halt nach der Branko-Brücke.

Das Museum befindet sich in außerordentlich schöner Lage in einer weitläufigen Parklandschaft nahe des Zusammenflusses von Sava und Donau. Der Museumsbau (I. Antić und I. Raspopović, 1961-65) hat die Form von sechs miteinander verbundenen Kristallen und ist mit großen Glasfronten versehen, die viel natürliches Licht ins Museumsinnere lassen und den Blick nach außen bzw. nach innen frei geben. Während heißer Sommertage allerdings heizt sich das Museum wegen dieser großen Glasflächen sehr stark auf, daher wird momentan ein neues Kühlsystem im Museum installiert.

Gehen sie von Museumsausgang geradeaus weiter, gelangen Sie zum sogenannten **Park der Freundschaft** (*Park prijateljstva*), in dem zu sozialistischer Zeit die Staatsoberhäupter, die auf Staatsbesuch nach Belgrad kamen, einen Baum pflanzten.

Auf einem Hügel im Park steht eine hohe Säule. Pathetisch **„Ewige Flamme"** genannt, erinnert dieses fantasielose Denkmal an die Soldaten und Zivilisten, die während der NATO-Bombardierung 1999 getötet wurden. Im darauf folgenden Jahr von Slobodan Miloševič und seiner Frau Mira eröffnet, wurde es zur Zielscheibe der Regimegegner. Die echten Flammen an seiner Spitze verschwanden nach dem Fall Milo-ševićs, als die Gaszufuhr gekappt wurde.

2 Mihailo-Pupin-Boulevard

Bulevar Mihaila Pupina

Der Mihailo-Pupin-Boulevard ist die älteste und wichtigste Durchfahrtsstraße von Neu-Belgrad. Er beginnt als Fortsetzung der Branko-Brücke und führt bis nach Zemun. Um diese Strecke zu Fuß zurückzulegen, braucht man etwa eineinhalb Stunden; Sie können aber auch einen kurzen Blick auf die ganze Gegend bei einer Fahrt mit den auf dem Boulevard verkehrenden Bussen Nr. 16, 65, 75 oder 83 werfen.

Überqueren Sie den Fluss Richtung Neu-Belgrad, sehen Sie links der Brücke die Pavillons des **Alten Messegeländes**. Das Messegelände, ein Beispiel moderner Architektur, wurde 1936-37 als erster Komplex auf dieser Seite des Flusses angelegt. Später errichteten die aus-

Das SIV-Gebäude mit weitläufigem Park

Der schimmernde Bau des Luftfahrtmuseums

Wegbeschreibung:
Bus Nr. 72 von Zeleni venac bis zur Endstation am Flughafen. Das Museum ist in Sichtweite.

Das Luftfahrtmuseum von Belgrad gehört wegen seiner großen Sammlung von sowohl Flugzeugen als auch Dokumentationen zu den wichtigsten Europas. Es befindet sich am Flughafen in einem außergewöhnlichen Gebäude (Ivan Štraus, 1989), das an eine fliegende Untertasse aus Glas und Aluminium erinnert. Der weiträumige Bau erlaubt es, die Exponate in der Luft und auf dem Boden zu präsentieren, sodass der Besucher sie aus allen Perspektiven in Augenschein nehmen kann. Es werden mehr als fünfzig originale Flugzeuge, Segelflugzeuge, Helikopter und Raketen gezeigt. Die Ausstellung umfasst das erste Jahrhundert der Luftfahrt mit Modellen aus der ganzen Welt. Alle Typen serbischer und jugoslawischer Flugzeuge sind zu sehen, darunter das Modell, dass der Pionier der Luftfahrt Ivan Sarić 1910 flog. Besondere Attraktion sind die Flugzeuge aus dem 2. Weltkrieg wie Messerschmitt Me-109, Spitfire Mk.Vc, Yak-3 und P-47 Thunderbolt. Ein kleinerer Bereich des Museums ist der Bombardierung von 1999 gewidmet und zeigt Teile der abgeschossenen F-117A Stealth und F-16. Es sind auch zwei ständige Ausstellungen zu sehen, „Serbische Aviatik 1912-18" und „Luftfahrt im Aprilkrieg 1941". Der Souvenirladen verkauft Bücher, Flugzeugmodelle und sogar kleingeschnittene Teile der F-117A!

Innenansicht des Luftfahrtmuseums

Die **serbische Fliegerei** hat eine lange Tradition. Der erste serbische Flieger war Doktor Vladimir Aleksić aus Pančevo mit seinem Segelflieger im Jahre 1909. 1910 konstruierte Ivan Sarić, Sportler und Radrennmeister von Ungarn, in seiner Heimatstadt Subotica ein Flugzeug und flog damit. Obwohl Autodidakt, entwickelte er Motoren, Flugzeuge und sogar eine Art Helikopter. Auch Mihailo Merćep war ein Flugnarr (neben dem Radsport), der 1910-11 mit den Brüdern Rusijan die ersten Flugzeuge in Belgrad baute und flog. Der zweite Flug Edvard Rusijans über der Festung von Belgrad endete tragisch, als ein Flügel seines Flugzeugs vom starken Wind abgerissen wurde. 1912, während des Ersten Balkankriegs, wurde die serbische Luftwaffe gegründet, damals die fünfte auf der Welt und mit 12 Flugzeugen, zwei Ballons und Brieftauben mächtiger als die der USA! Im selben Jahr kam das erste Opfer der militärischen Luftfahrtsgeschichte zu Tode, es war Feldwebel Mihajlo Petrović, der aus seinem Flugzeug stürzte, als er die türkischen Stellungen in der belagerten Stadt Shkoder ausspähte. Serbien hält einen weiteren Rekord auf diesem Gebiet: das erste Flugzeug wurde 1915 von einem Unteroffizier der serbischen Armee, Radomir Ljutovac, mit einem aufgebockten Geschütz abgeschossen. Zwischen den Weltkriegen war die jugoslawische Flugzeugindustrie eine der am weitesten entwickelten der Welt: in sechs Fabriken wurden nach eigenen Entwürfen mehrere Modelle für die zivile und militärische Nutzung hergestellt. Obwohl sie in der Minderzahl waren, bewiesen die Kampfflugzeuge IKA-2 und IKA-3 im April 1941 ihre Überlegenheit gegenüber den feindlichen Nazis. Nach dem 2. Weltkrieg produzierte Jugoslawien eigene Übungs- und Kampfflugzeuge, zuletzt den „Adler" (Orao) in den späten 1970-ern und es gab Entwürfe für einen Düsenjäger, deren Verwirklichung jedoch durch den Bürgerkrieg verhindert wurde.

SÜDLICHE VORORTE

Es gibt einige sehenswerte Orte, die weiter vom historischen Zentrum Belgrads entfernt sind, insbesondere im Süden, wo sich Vorstädte, Wälder, Parks und Erholungsgebiete abwechseln. In ihrer rasanten Entwicklung im 20. Jahrhundert umspannten die Außenbezirke Belgrads bald die umgebenden Hügel, wie den Topčidersko brdo mit dem Tito-Mausoleum oder Dedinje mit den Anlagen der Königlichen Schlösser. Zu ihren Füßen liegt der Topčider-Park mit dem alten Herrenhaus von Fürst Miloš, der im 19. Jahrhundert der bevorzugte Ort zum Picknick machen war. Nicht weit davon liegt die ehemalige Insel Ada Ciganlija, die zu einem Naherholungsgebiet mit einem vier Kilometer langen künstlichen See mit Freiluft-Cafés ausgebaut wurde und an deren Ufer unzählige auf Flöße gebaute Hausboote schwimmen. Der bewaldete Avala-Berg mit den Denkmal des Unbekannten Soldaten und das unterhalb liegende Kloster Rakovica beschützen den südlichen Zugang zu Belgrad.

1. Ada Ciganlija
2. Museum Afrikanischer Kunst
3. Topčider-Park
4. Košutnjak-Wald
5. Haus der Blumen
6. Museum des FC Roter Stern
7. Die Königsschlösser in Dedinje
8. Kloster Rakovica
9. Berg Avala

ingang des Alten Schlosses

❶ Ada Ciganlija

Wegbeschreibung:

Mit einer Reihe von Bussen, die das Zentrum passieren (Nr. 23, 37, 51, 52, 53, 58), können Sie die vor der Ada gelegene Bucht erreichen, von der aus es nur ein paar Schritte bis zum See sind; Von der Brankov-Brücke ist eine regelmäßige Bootslinie zur und von der Ada Ciganlija eingerichtet, die etwa aller halbe Stunde verkehrt; von Neu-Belgrad aus nehmen Sie den Bus Nr. 88 oder eines der Boote, die vom Flussufer auf der Höhe des Blok 70 ablegen; Autoverkehr ist nicht zugelassen und Sie können ihren Wagen auf dem (kostenlosen) Parkplatz am nördlichen Deich abstellen.

Die Ada Ciganlija (oder einfach *Ada*, wie die meisten Belgrader sagen) war bis 1967 eine mit dichtem Wald bedeckte Flussinsel zwischen Belgrad und Neu-Belgrad. In diesem Jahr wurde sie mit Deichen an drei Stellen mit dem Belgrader Festland verbunden. Auf diese Weise entstand ein künstlicher See, der 4,2 km lang, etwa 200 m breit und 6 m tief ist. So erhielt Belgrad ein öffentliches Naherholungsgebiet mit einem außergewöhnlichen See und einem vorwiegend mit Laubbäumen bewachsenen Park, der sich über mehr als 700 Hektar erstreckt - all dies nur vier Kilometer vom Stadtzentrum entfernt.

Sonnenbaden am langen Strand der Ada Ciganlija

Gut mit allen Stadtteilen verbunden, ist die Ada der Lieblingsort der Belgrader, wenn es um Sport und Erholung geht, besonders im Sommer, wenn sich am See oft bis zu 300.000 Badegäste versammeln und die Ada zum „Meer von Belgrad“ wird, wie auf den Orientierungstafeln geworben wird. Der Strand bietet alle nötige Infrastruktur: Wasserrutschen, Wasserski, Bungee-Jumping, Tretboot- und Bootsverleih. Weiter am südlichen Ende des Sees ist ein Abschnitt als FKK-Strand reserviert. Der Weg rund um den See ist bei Spaziergängern, Rollerskatern und Fahrradfahrern gleichermaßen beliebt und für die ganz Eiligen gibt es eine kleine Bimmelbahn, die der gleichen Route folgt. Weiter vom Ufer zurückliegend gibt es neben Fuß-, Basket- und Volleyballfeldern auch Plätze für Rugby und Baseball, Felsenwände für Freeclimbing, ein Paintball-Gelände und den einzigen Golfplatz in Belgrad. An der nördlichen Spitze liegt die „Ada Safari“ mit einem kleinen künstlichen See voller Fische und in der Nähe gibt es eine Siedlung

Golf auf der Ada

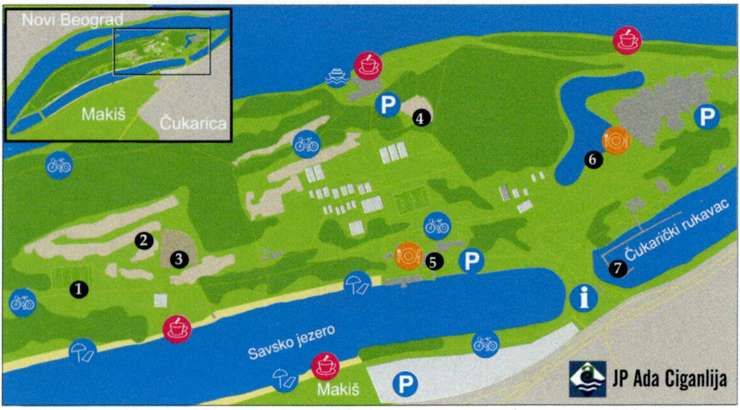

1. Rugby-Terrain
2. Golf-Terrain
3. Baseball-Terrain
4. Paintball-Terrain
5. Restaurant „Jezero“
6. Ada Safari
7. Ada Marina

Wandern durch die Wälder auf der Ada Ciganlija

kleiner im Grün versteckter Wochenendhäuschen. Nicht zu vergessen sind die zahlreichen Cafés und Restaurants, davon manche auf Flößen, manche an Land und das Sommerkino im Café.

An der Ada ereignen sich häufig verschiedenste Wassersport-Wettkämpfe, vor allem im Rudern, denn drei der belgrader Rudervereine trainieren hier. An der Nordseite liegt in einer kleinen Bucht ein Hafen, in dem Boote und kleine Schiffe vor Anker liegen.

Die Ada hat auch ein reges Nachtleben zu bieten, denn an ihren Stränden gibt es einige Clubs (*Siehe S. 189*).

2 Museum Afrikanischer Kunst

Muzej afričke umetnosti

Andre Nikolića 14, Tel. 265-165-4; geöffnet täglich 10-18h; Eintritt 100 Din; www.museumofafricanart.org.

Wegbeschreibung:

Mit Bus Nr. 43 von Hauptpostamt bis zum Kreisverkehr nach der Autobahnschleife und dann rechts die Andre-Nikolića-Straße entlang

Das Museum befindet sich im ruhigen Stadtteil Senjak in der Nachbarschaft mit den Residenzen der Botschafter und anderen schönen Villen. Es wurde 1977 aufgrund einer Schenkung der Diplomaten Veda und Dr. Zdravko Pečar eröffnet, die einen Großteil ihrer Karriere in verschiedenen afrikanischen Ländern verbrachten. Ihre wertvolle Sammlung ist das Kernstück des Museums, das kultische, magische, dekorative und Alltagsgegenstände vor allem aus Westafrika zeigt. Zu den wertvollsten Exponaten gehören die winzigen Bronzeskulpturen, die vom Volk der Akan in Ghana als Gewichte benutzt werden, malische Keramikkrüge und Steinstatuetten der sogenannten „Reisgötter" aus Ghana, die auf dem Feld gelassen wurden, um eine gute Ernte zu bringen.

Herrenhaus Fürst Milošs mit gigantischer Platane

3 Topčider-Park

Wegbeschreibung:

Tram Nr. 3 von der St. Markus-Kirche oder vom Hauptbahnhof bis zur dritten Haltestelle im Wald.

Die Charta des Sultans von 1830 garantierte Serbien zwar Autonomie, Belgrad und die anderen fünf Festungen blieben aber weiterhin türkisch besetzt. Da er nicht volle Kontrolle über die Stadt haben konnte, beschloss Fürst Miloš Obrenović, Serbien und Belgrad aus sicherer Distanz vor türkischen Geschützen und Soldaten zu regieren. Für die Residenz wählte er seinen Besitz im Tal des Flusses Topčider, den er einige Jahre zuvor bei einem Streit mit dem Pascha von Belgrad erhalten hatte. Bald ließ er auf dem Gelände einen großen Park anlegen, um den herum er landwirtschaftliche Versuchsanstalten einrichtete, die sich mit der Verbesserung der serbischen Pflanzensorten befassten. 1865 versammelten sich hier alle wichtigen Persönlichkeiten und eine große Volksmenge zum Gedenken an den 50. Jahrestag des Zweiten Aufstands, der von dem verstorbenen Fürsten angeführt worden war. Neben anderen Festivitäten fanden die Verleihung der ersten Medaille des Fürstentums Serbien an die überleben-

Crni panteri (Ada Ciganlija) – „Schwarze Panther" wird von einer ungewöhnlichen Gypsy-Band betrieben, deren nächtliche Auftritte wegen ihrer Energie und ihres Humors berühmt geworden sind.

Ceca (Linkes Ufer des Ada-Ciganlija-Sees) – Ein großes zweigeschossiges Café, das das ganze Jahr über hervorragende Sandwiches anbietet.

Gušti mora (Radnička 27) – Für alle, die Meerestiere so lieben, wie sie es von der Adria kennen.

Pastuv (Paštrovićeva 2) – Gelegen im Komplex der Belgrader Pferderennbahn, bietet dieses renommierte Restaurant internationale und heimische Küche in gehobener Atmosphäre.

Ort für ein Picknick: der Topčider Park

den Mitstreiter und der erste Athletik-Wettkampf in Serbien statt. Am Ende des 19. Jahrhunderts wurde Topčider zum beliebtesten Ausflugsziel der Belgrader, die, vor allem nach der Einführung der Straßenbahn 1892, in großer Zahl hierher kamen. Zwei Jahre später konnten die Belgrader die Fahrt nach Topčider in den ersten elektrisch betriebenen Straßenbahnen genießen.

Das **Herrenhaus von Fürst Miloš** (*Konak kneza Miloša*) wurde 1831-34 in einer originellen und einprägsamen Mischung aus balkan-orientalischem und klassizistischem Stil gebaut. Miloš zog es seinen anderen Palästen wegen der Ruhe und relativen Abgelegenheit, aber auch wegen den Annehmlichkeiten und des Komforts der orientalischen Innenausstattung vor. Hier hielt er die Sitzungen des serbischen Parlaments ab, unterzeichnete seine Abdankung im Jahre 1839 und in diesem Haus sollte er 1860 sterben. Sein Sohn Mihailo favorisierte die Höfe europäischer Bauart in der Stadt, aber Topčider behielt seine Bedeutung als fürstlicher Sommersitz. Heute beherbergt das Haus die ständige **Ausstellung „Serbische Revolution 1804"**, die sich mit der Geschichte des Ersten (1804-13) und Zweiten (1815) Serbischen Aufstandes befasst. (*Tel. 660-442, geöffnet außer montags 10-17h, Eintritt 100 Din*). Hier werden Dokumente, Bilder, Fahnen, Waffen sowie einige persönliche Gegenstände von Karadjordje und Fürst Miloš aufbewahrt.

Orientalisches Interieur im Herrenhaus von Fürst Miloš

Die Inneneinrichtung ist liebevoll mit Schnitzereien und Deckengemälden gestaltet, besondere Aufmerksamkeit verdienen die Friese mit Tier- und Pflanzendarstellungen. Die **riesenhafte Platane** vor dem Herrenhaus wurde zu dessen Bauzeit gepflanzt und misst heute eine Stammumfang von 7,40 m; ihre Äste werden von Metallstreben gestützt.

In dem wohlgestalteten aber etwas vergessenen Park vor dem Palais befinden sich drei Denkmäler. Der **Obelisk** erinnert an Miloš's Rückkehr aus dem Exil 1859 und trägt sein Wappen und Monogramm. Die Statue der römischen Göttin des Ackerbaus Ceres von 1852 ist die erste Parkskulptur in Belgrad.

Dr. Rudolf Archibald Reiss (1876-1929) war Professor der Kriminologie aus Lausanne in der Schweiz. Er kam 1914 nach Serbien, um die Grausamkeiten der österreich-ungarischen Truppen gegen die Zivilbevölkerung zu bezeugen. Erschrocken über die Tatsachen, schloss er sich dem serbischen Heer an und folgte ihm auf seinem Leidensweg bis 1918. Seine professionellen Beweise enthüllten der ganzen Welt die Qualen des serbischen Volkes im 1. Weltkrieg. Nach dem Krieg ließ er sich in Serbien nieder und bis zu seinem Tod kritisierte seine warnende Stimme politischen Missbrauch und vor allem die Ungerechtigkeiten den Veteranen gegenüber. Er ist nicht weit von hier im Topčider-Friedhof begraben. Wie er in seinem Testament wünschte, wurde sein Herz im Beinhaus der serbischen Soldaten beigesetzt, die beim Durchbruch der Front von Thessaloniki auf dem Gipfel des Kajmakčalan zu Tode kamen.

Topčider-Kirche an einem klaren Frühlingstag

Ein paar Meter weiter steht die **Büste des Dr. Rudolf Archibald Reiss** (1876-1929), eine Arbeit von Marko Brežanin aus dem Jahre 1931.

Hinter dem Herrenhaus steht die kleine Kirche der Hl. Petrus und Paulus, besser bekannt als **Topčider-Kirche** (*Topčiderska crkva*). Sie stammt aus der gleichen Zeit wie das Herrenhaus: Fürst Miloš errichtete sie in Dankbarkeit an Gott für die Rettung seines Lebens an eben dieser Stelle. Man erzählt, er habe während der Belagerung Belgrads 1806 seine Position verlassen, um sich mit den Mädchen aus einem nahegelegenen Dorfe zu vergnügen. Dies kam Karadjordje, dem obersten Heeresführer der serbischen Truppen, zu Ohren und er entschied Miloš auf der Stelle hinzurichten, um damit ein Exempel zu statuieren. Als er die Hand zum Schuss hob, schlug jedoch jemand gegen seinen Arm und die Kugel ging zum Glück knapp an Miloš vorbei.

Die Verzierungen des westlichen und südlichen Portals sind im naiven Stil ländlicher Kirchen gearbeitet und ein hervorragendes Beispiel heimischer Steinmetzkunst. Die heutige Ikonostasis ist eine Arbeit von Steva Todorović und Nikola Marković aus dem Jahre 1874.

Neben der Kirche steht ein kleines **Pfarrhaus**, das im selben Jahr wie das Gotteshaus im Stil eines gewöhnliches Dorfhauses errichtet wurde. Da die Kirche von 1838-1860 Sitz des Metropoliten von Serbien war (der sich damit in der Nähe des Fürsten Miloš befand!), war dieses bescheidene Haus seine Residenz.

❹ Košutnjak-Wald

Wegbeschreibung:

Mit dem Bus Nr. 59 vom Hauptbahnhof oder mit Bus Nr. 23 vom Hauptpostamt erreichen Sie die Südseite des Košutnjak; die Tramlinie Nr. 3 führt an seiner Westseite entlang.

Košutnjak ist ein dicht bewaldeter Hügel zwischen Banovo Brdo und dem Topčider Park; an seiner Ostseite reicht er bis an die Gleise der Eisenbahnstrecke Belgrad-Niš. Wie auch Topčider war er im Privatbesitz der königlichen Familie Obrenović, im Gegensatz dazu blieb er jedoch ein privates Jagdrevier, das für seine zahlreichen Rehe (*košuta*) bekannt ist, wie der Name bezeugt. Erst nach dem Fall der Obrenovićs im Jahre 1903 wurde das Gelände öffentlich zugänglich, behielt aber die verwilderte Erscheinung eines Jagdgrunds bis zum heutigen Tag. Den Wald durchkreuzen Wanderwege und auch einige Autostraßen, die für Schnellfahrer berüchtigt und sicherlich für Fußgänger nicht ungefährlich sind. Auf diesen Straßen strömen bei schönem Wetter Hunderte zum picknicken und die Holzbänke und Grillvorrichtungen sind hoffnungslos überfüllt.

Außer einem Waldspaziergang hat der Košutnjak interessante Denkmäler zu bieten, die an einige heroische und einige schreckliche Momente der serbischen Geschichte erinnern. Taking the closest route from Topčider

Die vom Topčider-Park aus ansteigende Straße führt Sie bergauf am **Topčider-Friedhof** (*Topčidersko groblje*) vorbei, der recht klein ist und größtenteils aus heutiger Zeit stammt. Die interessanteste Persönlichkeit, die hier begraben ist, ist Stevan Knićanin (1808-1855), der Kommandeur der serbischen Freikorps, die 1848 den Serben der Vojvodina im Kampf zu Hilfe eilten. Auf der gleichen Straße gelangen Sie zur **Skipiste** (*Ski-staza*), einem flachen Abhang, jedoch der einzige, an dem die Belgrader in ihrer Stadt Ski fahren können. An der Piste, die im Spätsommer Schauplatz des traditionellen Blues-Festivals ist, gibt es auch ein Café. Am Ende der Strecke, in der Nähe der Kneza-Višeslava-Straße, die die westliche Grenze des Waldes bildet, befinden sich **zwei Denkmäler aus dem**

Relief von Stevan Knićanin, Topčider-Friedhof

Mahnmal der gefallenen deutschen Soldaten aus dem 1. Weltkrieg

1. Weltkrieg. Ein massives Grabmal steht über dem Massengrab deutscher Soldaten, die bei der Einnahme Belgrads 1915 ums Leben kamen. Auf dem schlichten Grabstein daneben ist auf deutsch und serbisch die Inschrift „Hier liegen serbische Helden" zu lesen, ein beredtes Zeugnis des schweren Kampfes, der hier stattfand. Dieser Stein wurde zur gleichen Gelegenheit aufgestellt wie der deutsche - auf Befehl des deutschen Kommandeurs, Marschall von Mackensen, der über seine Soldaten sagte: „Wir kämpften gegen eine Armee, die wir nur aus dem Märchen kannten". Folgen Sie der Straße oder dem parallel laufenden Weg nach Süden, gelangen Sie zum bekannten Restaurant „Golf". Dem Eingang gegenüber steht der kürzlich errichtete **Ivan-Brunnen** (*Ivanova česma*). Er ist nach Serbiens Ex-Präsidenten Ivan Stambolić benannt, der im August 2000 an dieser Stelle entführt und später auf Befehl Slobodan Miloševićs ermordet wurde. Stambolić, der Vorgänger von Milošević, hatte dessen Aufstieg miterlebt und das panische Regime stufte sein politisches Engagement als gefährlich ein. Nicht weit von hier befindet sich das **Sportzentrum „Košutnjak"** mit Sportplätzen, fünf Freischwimmbecken und Hallenbad.

An der Hauptstraße, die durch den südlichen Teil des Waldes verläuft, lädt der **Hajdučka česma**, ein hübscher Brunnen vom Ende des 19. Jahrhunderts, zum Picknick auf den ihn umgebenden überdachten Bänken. Sein Name rührt von *hajduci* her – Räubern, die von Überfällen auf Türken lebten und vom gewöhnlichen Volk als Kämpfer gegen die Unterdrücker angesehen wurden; man sagt, dass dieser Brunnen, der damals viel tiefer im Wald verborgen lag, ihr Treffpunkt war. In der neueren Geschichte wurde Hajdučka česma zu einem der Kultplätze der Hippie- und Rock-Kultur in Jugoslawien, nachdem 1977 hier ein Woodstock-ähnliches Konzert stattfand. Das Konzert mit Zehntausenden von Besuchern markierte den Höhepunkt und das Ende des Hardrock und schon ein Jahr später gingen Punk und New Wave in Führung.

Nach einem kurzen Stück Wegs den Abhang hinunter zweigt eine Straße rechts nach Süden ab. An der Straße steht ein schlichtes Monument an der Stelle, an der Fürst Mihailo Obrenović 1868 auf seinem täglichen Nachmittagsspaziergang durch den Wald erschlagen wurde. Die Attentäter, Feinde der Dynastie, hatten sich verschworen, um in Belgrad die Macht zu übernehmen. Ihren Plan jedoch durchkreuzte der legendäre Ilija Garašanin, der ehemalige Innenminister, der sich zufällig auch im Topčider Park aufhielt und es dank seiner schnellen Kutsche schaffte, als erster die Stadt zu erreichen.

„Košutnjak" von Nadežda Petrović (Nationalmuseum Belgrad)

Golf (Kneza Višeslava 23) – Dieses altbekannte Restaurant serviert gutes und billiges serbisches Essen.

Stoja i Vule (Vrbnička 7a) – Der Stolz dieses herzlichen und zwanglosen Restaurants sind exzellente Wildfleischgerichte.

Aleksandar (Košutnjak Skipiste) – In echtem Berghüttenambiente werden Getränke und kleine Speisen gereicht.

EXKURSIONEN IN DIE UMGEBUNG VON BELGRAD

Gelegen an einer natürlichen Kreuzung, ist Belgrad ein guter Ausgangspunkt für Ausflüge in die beiden an die Stadt angrenzenden Regionen – die Vojvodina im Norden und die Šumadija im Süden. In diesem Kapitel schlagen wir Halbtages- bis Tagestouren zu vier interessanten Zielen vor, die alle weniger als 50 Kilometer (eine Stunde Fahrt) von Belgrad Stadtmitte entfernt sind.

Die Vojvodina ist die autonome Provinz im Norden von Belgrad, die zwei Jahrhunderte lang von Wien aus regiert wurde, der Hauptstadt des Habsburger Reiches. Das Erbe dieser Ära ist am besten an der mitteleuropäischen Architektur ihrer Städte zu erkennen, wie etwa im nahen Pančevo, wo es barocke und gotische Kirchen zu sehen gibt. Eine noch wichtigere Hinterlassenschaft des großen Vielvölkerstaates ist die erstaunliche ethnische Vielfalt der Provinz: In der Umgebung von Belgrad kann man noch immer slowakische, rumänische und ungarische Dörfer finden, die ihre Sprache und Kultur hochhalten und pflegen. Eines darunter ist Kovačica, ein großes slowakisches Dorf, das von seinen naiven Malern in ein buntes Zentrum der Volkskunst-Produktion verwandelt worden ist. Geografisch betrachtet handelt es sich um eine Ebene, deren kulturfähiger und fruchtbarer Boden zur Kornkammer Serbiens wurde. Die sumpfige Landschaft, die die Vojvodina vor dem 18. Jahrhundert charakterisierte, ist nur in einigen Oasen entlang ihrer breiten Tieflandflüsse erhalten geblieben. Eine davon ist der Weiher Obedska bara, ein Naturreservat, das eine erstaunliche Anzahl von Vogelarten in seinem Ried beheimatet.

Südlich von Belgrad liegt die Šumadija, die von vielen als das Herzland Serbiens betrachtet wird, da hier in den Aufständen 19. Jahrhundert zum ersten Mal die Freiheit von türkischer Herrschaft erkämpft wurde. Ihr sanft gewelltes Hügelland ist übersät von Wäldern, Obstgärten und Weinbergen. Berühmt für seine reizvolle Umgebung ist Smederevo noch mehr als letzte serbische Hauptstadt des Mittelalters und für seine riesige Festung aus der gleichen Zeit bekannt.

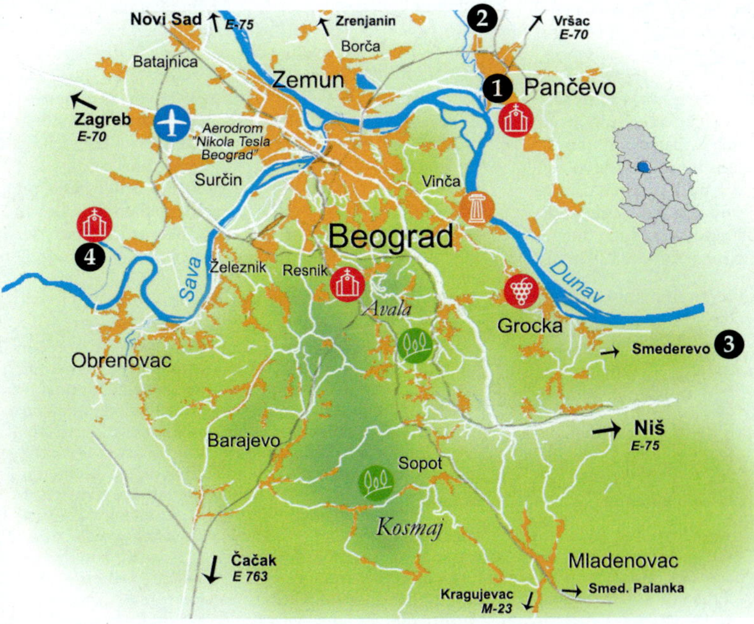

1 Pančevo
2 Kovačica
3 Smederevo
4 Obedska bara

Herbst an der Sava

1 Pančevo

15 km von Belgrad
Einwohnerzahl: 76, 100
013/510-455
013/341-111
Sokače 2, 013/351-366

Wegbeschreibung:

Am Bulevar Despota Stefana befindet sich vor der Brücke Pančevački most eine Haltestelle des Busunternehmens ATP Pančevo, das werktags im 15-Minutentakt und an Wochenenden jede volle Stunde nach Pančevo und zurück verkehrt; die Züge des Beovoz von der Haltestelle Vukov spomenik sind die eleganter Lösung, sie verkehren jedoch seltener – halbstündlich bis stündlich (Fahrplan unter www.srbrail.rs/redvoznje/Beovoz.aspx). Steigen Sie in Pančevo an der zweiten Station – „Pančevo Varoš" aus, um den Flohmarkt um die Haltestelle „Pančevo Glavna" zu umgehen.

Es ist bekannt, dass die Siedlung am Zusammenfluss der Flüsse Tamiš und Donau nicht weit von Belgrad schon im 9. Jahrhundert von reisenden Händlern besucht wurde. In türkischer Zeit (1552-1716) war Pančevo eine kleine Stadt mit Festung und erstaunlicherweise nur einer Moschee, denn es war mehrheitlich serbisch bevölkert. Während der Habsburger Monarchie wurde Pančevo Teil der militärischen Grenze und Sitz des Regiments. Entvölkert durch die Kriege mit der Türkei, wurde der Ort mit deutschen und rumänischen Siedlern kolonisiert. Im schlecht geführten Krieg von 1789-91 war der Ort ein weiteres Mal der zerstörerischen Tortur durch die Türken ausgesetzt. Als eine Art Entschädigung für diese Episode garantierte der Kaiser der Stadt 1794 den Status einer „freien militärischen Gemeinde", der es ihr ermöglichte sich im 19. Jahrhundert zu einem lebendigen kulturellen und ökonomischen Zentrum zu entwickeln. Allerdings behielt die Stadt ein etwas militärisch strenges Aussehen und wurde deshalb mit dem Spitznamen „serbisch Sparta" belegt. Nach dem 2. Weltkrieg wurde sie stark industrialisiert und wuchs auf 80.000 Einwohner an. Erdölraffinerie und Chemiewerke machen die Stadt bekannt für Verpestungen, die oft die kritischen Höchstwerte überschreiten. Besonders schwer hatte es Pančevo 1999, als die Industrieanlagen von der NATO unter Beschuss genommen wurden, was große Umweltverschmutzungen nach sich zog und beinahe zu einer ökologische Katastrophe führte.

Stadtmagistrat, heute das Stadtmuseum

Die Altstadt, früher umringt von den Festungsmauern, gruppiert sich um den Hauptplatz im Zentrum. Es ist der **Trg kralja Petra I**, der mit dem vielen Grün wie ein Park erscheint. Das **Kreuz aus rotem Stein** in seiner Mitte ist eine Replik des 1804 errichteten Denkmals der Ausweitung des Serbischen Aufstands über die Donau, das 1941 von den deutschen Besatzern zerstört worden war. Das wichtigste Gebäude hier ist das ehemalige Stadtmagistrat, ein klassizistisches Gebäude von 1833, erbaut nach den Plänen eines einheimischen

„Übersiedlung der Serben"

Das Gemälde wurde vom Patriarchen Georgije Branković in Auftrag gegeben, um 1896 bei der ungarischen Tausendjahrfeier ihrer Ankunft in der pannonischen Ebene ausgestellt zu werden. Es sollte zeigen, dass die Serben auf den Ruf des habsburger Kaisers als organisierte Nation nach Ungarn kamen, mit Soldaten und dem Patriarchen als ihrem Führer. So sollte es die Angriffe auf die Unabhängigkeit der serbischen Religion und Bildung in Österreich-Ungarn abwehren. Für diese Aufgabe wurde der junge aber brillante Jovanović ausgewählt, der einige Monate akribischer Vorbereitung mit Ilarion Ruvarac, dem derzeitig besten serbischen Historiker, verbrachte. So war er in der Lage, viele interessante Details in das Gemälde aufzunehmen. Allerdings stellte die erste, kleinere Version (die in Pančevo zu sehen ist) den Patriarchen nicht zufrieden. Er fand sie zu mild: der Junge in der Mitte blickte zu demütig, während die Frau mit dem Säugling und das Schaf das Ehrgefühl der Kirchenführer verletzte. In der neuen, größeren Version hat der Junge ein Gewehr auf der Schulter, den Platz der Frau nimmt ein Standartenträger ein und der Bischof, der neben dem Patriarchen reitet, trägt die Schriftrolle mit den Privilegien in der Hand. Wie das Schicksal so spielt wurde die kleinere Version in großer Zahl reproduziert und gehört zu den Lieblingsbildern, die in jedem serbischen Haus zu finden sind.

Offiziers, des Majors Heiman. Der Mittelteil des gedrungenen Gebäudes wird betont durch Säulen und Terrassen, die gekrönt werden von einem Giebelfries mit zwei Engelsgestalten, die eine Uhr tragen. Heute dient es als **Stadtmuseum** (*Narodni muzej,Trg kralja Petra 7, Tel. 013/42-666; www.muzej-pancevo.rs; geöffnet Di-Sa 10-13h und 16-19h*) und ist bekannt für seine Sammlung von Gegenständen aus der neolithischen Starčevo-Kultur und für die kleinere Version des berühmten Gemäldes „Übersiedlung der Serben" (*Seoba Srbalja*) von Paja Jovanović.

Zur Tamiš hin liegt die **katholische Kirche** von St. Carlo Borromeo, ein bescheidenes Gebäude aus der Mitte des 18. Jahrhunderts, das von Beginn an als Franziskanerkloster diente. Als 1790 die Türken die Stadt einnahmen, plünderten sie die Wohnhäuser und benutzten die Kirche als Stall. 1858 wurde sie renoviert und bekam den dünnen, schmucklosen Glockenturm. Daneben steht eine schöne **Dreifaltigkeitssäule**.

Nach Norden hin kommt man ins ehemals serbische Viertel mit zwei sehenswerten Kirchen. Die **Uspenska crkva** in der Dimitrija Tucovića Straße ist ein aufwendiges Gebäude von 1810 und ihre beiden hohen Barocktürme sind zum Symbol der Stadt geworden. Das Material wurde von Karadjordje aus dem aufständigen Serbien auf der anderen Donauseite gestiftet. Die Ikonostasis ist ein herausragendes Werk des berühmten Klassizisten Konstantin Danil. Die Wandgemälde fertigte 1928 der Akademiemaler Živorad Nastasijević, Führer der „Zograf"-Gruppe, zu der die Pioniere der Erneuerung der serbischen mittelalterlichen Malerei gehörten.

Farbenprächtiges Detail an der Fassade der Volksbank

Vier Blocks weiter erreicht man die **Preobraženska Kirche**. Sie wurde 1875-78 vom jungen Svetozar Ivačković gebaut, dem Schüler des berühmten Wieners Teophil von Hansen. Der erfolgreiche Entwurf brachte Svetozar Ivačković großen Ruhm und viele Aufträge für weitere Kirchen ein. Im Gegensatz zur Uspenska-Kirche ist sie ein neobyzantinischer Bau mit großer zentraler Kuppel und einem freistehenden Glockenturm, was damals als besonderes Symbol großer religiöser und künstlerischer Freiheit galt. Das Innere wurde von zwei bekannten serbischen Künstlern der Zeit gestaltet: Die großartige Ikonostasis (1908-11) malte Uroš Predić und die Wandgemälde, mehrheitlich historische Kompositionen, führte Stevan Aleksić 1911 aus.

Preobraženska-Kirche auf einer alten Postkarte

Gleich südlich des Hauptplatzes liegt der **Trg Slobode** Platz mit dem auffälligen Art-Noveau-Gebäude der **Volksbank** (Pučka banka), das 1903 nach dem Entwurf der budapester Architekten Kalman und Ulman gebaut wurde. Die Žarka Zrenjanina Straße führt zur **Evangelischen Kirche**, dem schönsten Gebäude, das die Deutschen hinterließen, die einst den südlichen Teil der Stadt bewohnten. Es ist ein neogotischer Bau von 1905 mit Ziegelfassade und einem hohen Glockenturm mit Uhr.

An der Ecke mit der Nikole Tesle Straße, die vom Trg Slobode zur Tamiš führt, steht das **„Haus mit Sonnenuhr"**, 1792 als Sitz für das Heer des militärischen Grenzgebiets des Banats gebaut. Das Deckenge-

Die ruhige Tamiš in Pančevo

mälde im Eingang zeigt General Mihaljević, seinen Oberbefehlshaber. Am unteren Ende der Straße steht die **Brauerei** (*Pivara*). Erbaut 1722, bereits sechs Jahre nach der Vertreibung der Türken, ist sie eines der ältesten Industrieobjekte Serbiens. Sie wurde weithin bekannt, als sie von der berühmten Brauerfamilie Weifert (1847-1944) übernommen wurde, die später ihr Geschäft auf Belgrad ausweiteten. 2005 wurde sie durch ein Feuer schwer zerstört und muss renoviert werden.

Der beschauliche **Uferdamm der Tamiš** war einst von Industriebetrieben besetzt. Davon blieben der alte Bahnhof mit der Dampflok an seiner Seite und viele alte Lagerhäuser übrig, darunter das imposante dreistöckige **Rote Lagerhaus** vom Beginn des 18. Jahrhunderts am südlichen Ende. Heute gibt es am Damm einige feine Restaurants und Cafés, die meisten wegen der Überflutungen auf hohen Pfählen gebaut. Während des Sommers ist hier das Zentrum des Nachtlebens.

Südlich von Pančevo liegt das Dorf Vojlovica, das von Slowaken bewohnt wird. Heute ist es mit der Stadt zusammengewachsen und wird auf der anderen Seite durch die Erdölraffinerie abgeschlossen. Am Eingang zur Raffinerie liegt das mittelalterliche orthodoxe **Kloster Vojlovica**, das mit den Buslinien 11, 12 und 14 zu erreichen ist. In einen kleinen Hof eingeschlossen und umgeben von Pipelines bezeugt es die Nachlässigkeit der Kommunisten gegenüber historischen und religiösen Denkmälern. Vojlovica wurde 1405 von aus dem Süden fliehenden Mönchen gegründet. Im 18. Jahrhundert zweimal von den Türken niedergebrannt, dauerte es lange Zeit, bis es wieder aufgebaut war. Im 1. Weltkrieg brachten die österreichisch-ungarischen Machthaber die Mönche ins Gefangenenlager, plünderten das Kloster und schmolzen die Glocke zu Kriegszwecken ein. Im 2. Weltkrieg benutzten es die Deutschen, um den serbischen Patriarchen Gavrilo Dožić festzuhalten, bevor sie ihn nach Dachau schickten. Das Kloster wurde geschlossen und erwartete in erbärmlichen Zustand seine Rekonstruktion im Jahre 1987. Die Kirche ist in der Manier der serbischen Raška-Schule gebaut; 1752 wurde im selben Stil eine etwas größere Vorhalle hinzugefügt. Die letzte Erweiterung war der überproportional große Glockenturm aus der ersten Hälfte des 19. Jahrhunderts. Die Wandgemälde aus dem 15., 17. und 18. Jahrhundert sind nur bruchstückhaft erhalten; die Ikonostasis (1798) stammt von einem weniger bekannten Maler aus Pančevo.

Schattiger Boulevard im Zentrum von Pančevo

Coupe (Braće Jovanovića 5) – Im bekanntesten Rock- und Blues-Lokal von Pančevo kann man Kaffee trinken oder bis in die Morgenstunden tanzen.

Veslački klub (Tamiš Uferdamm) - Läuten Sie die Glocke und setzen Sie mit dem Boot über zu diesem einzigartigen Restaurant.

Šaran (Tamiš Uferdamm) – Wenn andere Bars schließen geht die Party hier mit serbischen Evergreens weiter, immer voll und sehr lebendig.

Vetrenjača (Tamiš riverbank) – Die alte Windmühle am der Tamiš wurde in ein feines Restaurant in einzigartiger Kulisse umgewandelt.

❷ Kovačica

46 km von Belgrad
Einwohnerzahl: 6,800

013/661-110

Wegbeschreibung:
(mit dem Auto) Richtung Pančevo und dann nach Crepaja und Kovačica; (mit dem Bus) von der Haltestelle „Dunav stanica" auf dem Dunavski trg

Das vorwiegend slovakische Dorf ist weltbekannt für seine naiven Maler, deren Werke die Fantasie vieler Künstler beflügelte. Diese Tradition besteht seit 1939 und kam in den 50-er Jahren zu voller Blüte, als einige Bauern dazu übergingen, ihren Alltag darzustellen. Sie benutzten bunte Farben und die ihnen geläufigen Muster regionaler Volkskunst, um Szenen unwirklicher, märchenhafter Pracht zu schaffen. Martin Jonaš und Zuzana Chalupova waren die ersten, die den Durchbruch zu großer Öffentlichkeit schafften und seitdem folgten viele nach, sodass heute fast jeder Haushalt seinen eigenen naiven Maler hat. Kovačica wurde in die UNESCO-Liste der „lebenden Schätze der Menschheit" aufgenommen und die Bilder der Künstler sind in vielen Museen und Privatsammlungen auf der ganzen Welt zu finden, wie zum Beispiel in denen von Dali, Picasso oder Francois Mitterrand.

Die Slovaken wurden seit dem 18. Jahrhundert in der Vojvodina als harte und bescheidene Arbeiter angesiedelt. Sie bewiesen nicht nur, dass sie diese Erwartung erfüllen konnten, sondern schafften es auch, ihre Kultur bis heute lebendig zu erhalten. Sie kamen 1802 in das kleine serbische Dorf und verwandelten es vollkommen. Einige der slovakischen Häuser sind noch immer in traditionellem Hellblau angemalt oder gekachelt und tragen den Namen der Familie im Giebel. Man kann die älteren Frauen in Trachtenkleidern vor den Häusern sitzen oder Fahrrad fahren sehen. Die **evangelische Kirche** in der Stadtmitte stammt aus dem Jahre 1829. Die Gemälde des Hauptaltars fertigte der berühmte serbische Maler Konstantin Danil.

Bemalte Kürbisse

Typische Volkskunst aus Kovačica

Heute ist das Dorf voller lebendigen Brauchtums mit seinem Reichtum an origineller Kunst und althergebrachtem Handwerk zum Zentrum der Volkskunst in der Vojvodina geworden. Es gibt mehrere Sammlungen, die sich der heimischen Kunst widmen. Die **Galerie der naiven Kunst** (*Galerija naivne umetnosti, Masarikova 65, Tel. 013/661-157, www.naivnaumetnost.com*) ist die älteste und reichhaltigste unter ihnen und bietet das breiteste Spektrum zum Verkauf. Gleich um die Ecke befindet sich das **Ethno-Zentrum „Babka"** (*Vinogradska 7, Tel. 661-522*)

Regionaler Volkstanz

, wo man einen Blick in verschiedene Künstlerateliers werfen kann. Außer Gemälden kann man hier auch Kunsthandwerksgegenstände kaufen, wie bemalte Teller und Kürbisse oder Maishülsenpuppen.

3 Smederevo

47 km von Belgrad
Einwohnerzahl: 77, 800

026/222-245

Karadjordjeva 5-7,
026/222-245

Wegbeschreibung:

(mit dem Auto) auf der Autobahn Richtung Niš folgen Sie den Schildern nach Smederevo; alternativ fahren Sie die Fortsetzung des Bulevar kralja Aleksandra, das ist die alte Straße nach Smederevo (via Grocka), die aber in schlechtem Zustand ist; (mit dem Bus) vom Lasta Busbahnhof in der Železnička Str.

Erstmals erwähnt wurde Smederevo 1019, als es eine der Diözesen der neu etablierten Erzdiözese von Ohrid war, die alle slawischen Gebiete unter byzantinischer Herrschaft umfasste. Die Bedeutung der Stadt wuchs, als sich im 14. Jahrhundert das Zentrum Serbiens vor den türkischen Attacken zurückweichend nach Norden verlagerte. 1427, nach dem Tod des Despoten Stefan Lazarević, musste dessen Nachfolger Djuradj Branković aufgrund eines alten Vertrages die Stadt Belgrad an den ungarischen König zurückgeben. Nach dem Verlust der Hauptstadt, die seine stärkste Festung war, plante er den Bau einer neuen Burg, die die zukünftige serbische Hauptstadt werden sollte und entschied sich für Smederevo, das durch die Donau und den Jezava-Fluss geschützt lag. Die raschen Bauarbeiten waren eine schwere Bürde für die Bauern, die dafür die griechische Frau des Despoten Jerina verantwortlich machten und sie „die Verdammte" (*Prokleta Jerina*) nannten. Der Name blieb in der Erinnerung der Leute mit Burgen verbunden, sodass alte Ruinen, deren Erbauer unbekannt waren, einfach Jerinas Schloss genannt wurden. Die größte mittelalterliche Festung an der Donau konnte jedoch die Türken nicht aufhalten und ihr zweiter Untergang im Jahre 1459 markierte das Ende des serbischen Staates im Mittelalter. Smederevo wurde eine wichtige Grenzstadt des Osmanischen Reiches und trotzte drei weiteren Belagerungen durch ungarische und serbische Truppen im folgenden halben Jahrhundert. Unter der neuen Herrschaft blieb es eine wichtige Handelsstadt und wurde zum Sitz der türkischen Provinz, die den Norden Serbiens bis zur Eroberung Belgrads 1521 verwaltete. Im 18. Jahrhundert wechselte die Stadt mehrmals zwischen den Österreichern und den Türken hin und her, was ihre Wirtschaft zunichte machte. Von 1805 bis 1807 war sie Sitz des Regierungsrats der serbischen Aufständigen. Im 19. Jahrhundert war die Stadt vor allem für ihr Obst und den Smederevka-Weißwein aus seinem hügeligen Hinterland bekannt. Am 5. Juli 1941 geschah ein großes Unheil in der kurz zuvor besetzten Stadt: Die Explosion eines deutschen Munitionszuges kostete etwa 2000 Menschen das Leben und verursachte große Zerstörungen in der Stadt und an der Festung. Nach dem Krieg wurde die neue Stahlindustrie zum wirtschaftlichen

Zitadelle der Festung von Smederevo

Bifore des einstigen Zeremoniensaals

Accommodation
Restaurants

Hotel
Hostel
Pansion

PREISKLASSE – für eine Person in einem 2-Bett-Zimmer (inkl. Frühstück, Zimmerservice und Kurtaxe). Die Zeichen charakterisieren die Ausstattung des Hotels.

Anzahl der Zimmer / Anzahl der Betten: 308/373

> 100 EUR	€€€€€
50 - 100 EUR	€€€€
25 - 50 EUR	€€€
12 - 25 EUR	€€
< 12 EUR	€

★★★★★ HYATT Regency

Milentija Popovića 5
11070 Novi Beograd
011/301 1234

308/373 — €€€€€ — VISA, MasterCard, Maestro

Das Hotel liegt in Neu Belgrad, gegenüber dem Ušće Business Center. Es bietet exzellenten Service, ein Restaurant mit internationaler Küche, Fitness Center, Business Center und mehrere Konferenzsäle.

★★★★★ Aleksandar Palas

Kralja Petra 13-15
11000 Beograd
011/330-5300

9/18 — €€€€€ — VISA, MasterCard, Maestro

Fantastisches Businesshotel im Stadtzentrum. Alle Zimmer haben Internetzugang; Fitnessraum und effizienter Service. Schöne Sommerterrasse.

★★★★★ Continental

Vladimira Popovića 10
11070 Novi Beograd
011/220-4204

415/534 — €€€€€ — VISA, MasterCard, Maestro, DinaCard

In Neu Belgrad gelegen, direkt hinter dem Sava Centar. Internationale Küche, Fitness Center, Business Center, Konferenzräume und Tennisterrain.

★★★★★ President

Kovilovo, Zrenjaninski put 170
11211 Beograd
011/207-5200

27/50 — €€€€€ — VISA, MasterCard, Maestro, DinaCard

Das Hotel ist am linken Ufer der Donau gelegen, 12 km vom Zentrum Belgrads. Schießstände und andere Angebote.

★★★★★ Zlatnik

Dobanovačka 95
Zemun, 11080 Beograd
011/316-7511

31/43 — €€€€€ — VISA, MasterCard, Maestro, DinaCard, YUBA CARD

Neues Businesshotel in einem ruhigen Teil Zemuns mit bekanntem Restaurant nationaler Küche und bemerkenswertem Service.

★★★★ Admiral Club

Venizelosova 31
11000 Beograd
011/303-8262

17/34 — €€€€€ — VISA, MasterCard, Maestro, DinaCard

Dieses Hotel hat vor kurzem in der Villa eines reichen Industriellen von 1935 eröffnet und liegt am Rande des Stadtzentrums. Einige der Zimmer sind mit originaler Einrichtung aus dieser Zeit ausgestattet und lassen Sie Belgrads reiche Geschichte erleben. Es gibt einen Wintergarten und einen großen Hof, eine Aperitif-Bar und ein Steak-House.

★★★★ Holiday Inn

Španskih boraca 74
11070 Novi Beograd
011/301-00-00

167/288 — €€€€€ — VISA, MasterCard, Maestro

Das Hotel liegt direkt neben dem Expo XXI Zentrum in einem sich rapide entwickelnden Teil Neu Belgrads. Eröffnet 2007 ist es modern eingerichtet und bietet sehr elegante Zimmer.

Dubočica

Rada Končara 87, Zemun
11080 Beograd
011/2198-868

09-24

Die einfache Kneipe in Zemun ist bekannt für ihr Grillspezialitäten. Die gegrillten Hähnchenflügel sind ein Muss.

Gušti mora

Radnička 27
11000 Beograd
011/355-1268

12-23

Fisch, Hummer oder Meeresfrüchte werden hier frisch und schmackhaft nach Boka-Kotorska-Art, einer Region an der Adriaküste Montenegros, zubereitet. Das warme, holzgetäfelte Interieur, die freundlichen Kellner und die hervorragende Weinkarte machen das Fischlokal zu einem der besten der Stadt.

Ikki Sushi Bar

Gospodar Jovanova 46
11000 Beograd
011/218-4183

12-24

Die Küche wurde von einem japanischen Koch eingerichtet. Eine der Spezialitäten ist Teriyaki-Lachs und natürlich das Grüntee-Eis.

Iguana

Karadjordjeva 2-4 (Beton hala)
11000 Beograd
011/3283-749

10-02

Vereint Geschmacksrichtungen aller Welt und anstatt mit Standardmenüs überrascht das "Iguana" seine Gäste mit innovativen Kombinationen. Beachtung verdient auch seine berühmte Weinkarte.

Ipanema

Strahinjića Bana 68
11000 Beograd
011/328-3069

09-01

Einfaches urbanes Design mit großem Essbereich im Keller und ebenso großer Terrasse auf der Straße, idealer Ort für ein kurzes Mittagessen oder ein Gespräch an einem langen Nachmittag.

Jevrem

Gospodar Jevremova 36
11000 Beograd
011/328-4746

11-01

Dieses elegante und anspruchsvolle Restaurant liegt mitten im Café-Gebiet. Sie haben die Wahl zwischen vielen authentischen serbischen Gerichten und bekannten internationalen Spezialitäten. Abends Livemusik.

Kafana Kafana

Djušina 5
11000 Beograd
011/323-7810

10-01h

Dieses Lokal ist bekannt für sein traditionelles serbisches Menü und die ethno-orientierte Livemusik an den Abenden.

Kalemegdanska Terasa

Mali Kalemegdan bb
11000 Beograd
011/328-3011

12-01

Es gibt kein besser gelegenes Restaurant in Belgrad mit einer solch spektakulären Aussicht auf die beiden Flüsse. Die Weinkarte ist eine der reichhaltigsten in der Stadt.

Klub književnika

Francuska 7
11000 Beograd
011/26-27-931

12-01

Ein traditioneller Favorit der Belgrader Gastronomieszene ist zurück auf der Liste der Topempfehlungen. Auf der Karte finden sich sowohl Standardmenüs als auch moderne Serbische Spezialitäten. Das größte Plus des Restaurants ist jedoch seine riesige Terrasse im Schatten zahlreicher Bäume.

Kumbara

Bulevar Oslobodjenja 36,
Beli Potok, 11000 Beograd
011/390-6834

10.30-24

Obwohl es einige Kilometer südlich des Stadtzentrums liegt, ist dieses absolut nationale Restaurant immer gut besucht. Der berühmte Leskovac-Grill ist am besten.

Madera

Bul. Kralja Aleksandra 43
11000 Beograd
011/323-1332

10-01

Seit jeher Treffpunkt vieler berühmter Leute, hat das Restaurant Madera einen luxuriösen Garten, der in den Tašmajdan Park übergeht und einer der schönsten der Stadt ist.

Maharaja

Ljubićka 1b
11000 Beograd
011/344-6235

12-24

Eine angenehme Einrichtung in oranger Farbgebung mit geschmackvoll arrangierten indischen Details geben diesem Ort seine Identität.

Makao

Starine Novaka 7
11000 Beograd
011/32-36-631

10-24

Für alle Liebhaber der chinesischen Küche ein Muss, obwohl das Äußere des kleinen, engen Lokals nicht so vielversprechend erscheint. Die schmackhaften Speisen werden in großen Portionen serviert, was man beim Bestellen berücksichtigen sollte.

Manjež

Svetozara Markovića 49
11000 Beograd
011/362-11-11

08-01

Einst eine berühmte Kafana und ist heute ein „Manjež" ein elegantes Restaurant mit eher elitären Gästen. Als Menüs werden internationale und serbische Gerichte offeriert, mit guter Weinkarte.

Na ćošku

Beogradska 37
11000 Beograd
011/323-6470

09-23

Alles in diesem kleinen Restaurant dient der Gemütlichkeit und das warme Interieur korrespondiert perfekt mit dem hervorragenden Essen.

Opera

Nušićeva 8
11000 Beograd
011/303-62-00

11-22.30

Durch das große Fenster zur Straße ist das klassische, sogar barocke Mobiliar des Restaurants zu sehen. Jede Wahl aus der reichhaltigen Speisekarte der größtenteils interantionalen Küche wird Sie zufrieden stellen.

Opušteno

Ada Ciganlija
11000 Beograd
011/354-8-214

13-21

Ein aus Holz gebautes Restaurant mit offener Terrasse über dem See, der als Ada Safari bekannt ist. Die Art, wie hier geschmackvolle nationale Küche zubereitet und in Tongeschirr serviert wird, versetzt einen in die friedliche Schläfrigkeit vergangener Tage. Dazu gibt es regionale Weine.

Ottimo

Studentski Trg 10
11000 Beograd
011/328-64-54

09-01

Dieses altmodisch eingerichtete kleine Lokal an der Ecke des Studentski trg serviert erfrischend einfache Speisen zu günstigen Preisen.

Pane e vino

Dobračina 6
11000 Beograd
011/303-6011

10-23

Das Restaurant bietet fantasievolle Küche mit italienischem Touch in einfachem und modernem Interieur.

Panta Rei

Tadeuša Košćuška 63
11000 Beograd
011/303-66-98

09-24

Dieses kürzlich eröffnete Restaurant hat bereits einen guten Ruf wegen der interessanten und schmackhaften Küche und der bemerkenswerten Lage an der Donau, die man durch große Fenster oder von der schönen Terrasse aus bestaunen kann.

Paša

Dunavski Kej 7
11000 Beograd
011/2612-119

10-24

Am Ufer der Donau in Neu Belgrad gelegen. Dieses auf Fisch spezialisierte Restaurant ist bekannt für seine fabelhafte Fischsuppe, dabei zu günstigem Preis.

PRAKTISCHE HILFE

Visabestimmungen
Zollformalitäten
Reiseinformationen
Öffentliche Verkehrsmittel
Geld und Bankwesen
Kommunikation
Gesundheit
Sicherheit
Shopping
Unterhaltung
Essen und Trinken
Sitten und Bräuche
A bis Z
Wörterbuch
Ortsverzeichnis

VISABESTIMMUNGEN

Bürger der Europäischen Union, der Schweiz, Norwegens und Islands können mit einem Personalausweis in Serbien einreisen. Touristen aus allen anderen Ländern benötigen einen Reisepass. EU Bürger sowie Touristen aus den USA, Australien, Neuseeland und etlichen weiteren Staaten benötigen für einen max. 90 tägigen Aufenthalt in Serbien **kein Visum**. Informationen darüber finden sich auch auf der Internetseite *www.mfa.rs/Consularaffairs.htm* oder in jeder diplomatischen Vertretung Serbiens.

Besucher, die ein Visa benötigen, müssen folgende Unterlagen vorlegen:

BOTSCHAFT VON SERBIEN

DEUTSCHLAND
Taubert Straße 18
D-14193 BERLIN
Tel. +4930 / 895-77-00, 895-77-0222

Thüringer Straße 3
D-60316 FRANKFURT AM MAIN
Tel. +4969 / 439-923, 439-924

Böhmerwaldplatz 2
D-81679 MÜNCHEN
Tel. +4989 / 982-475-21, 982-47-50

ÖSTERREICH
Rennweg 3
1030 WIEN
Tel. + 431 / 713-25-95, 713-25-96
www.vienna.mfa.gov.yu

1. Gültiger Reisepass;
2. Einladungsschreiben (beglaubigt von der zuständigen Behörde Serbiens) oder die Einladung einer Firma für einen Geschäftsbesuch oder eine Quittung oder Zertifikat einer autorisierten Reiseagentur, dass das Reisearrangement bezahlt ist;
3. Rückfahrkarte;
4. Nachweis des Besitzes von genügend Guthaben in harter Währung und
5. Nachweis einer Krankenversicherung, die die Behandlungskosten in Serbien und Montenegro im Krankheitsfall übernimmt.

Beachten Sie: Antragsteller für ein Transitvisum müssen im Besitz eines Visas für das Land sein, in das sie nach dem Transit durch Serbien einreisen wollen.
Für alle Konsulatsangelegenheiten (Visa, Staatsbürgerschaft, Besitz, etc.) kontaktieren Sie bitte persönlich telefonisch oder per email die nächstgelegene serbische Botschaft.

ZOLLFORMALITÄTEN

Stellen Sie sicher, dass Sie bei der Einreise nach Serbien (außer Kosovo) einen Einreisestempel der Grenzpolizei in Ihren Reisepass bekommen. Falls Sie keinen Stempel haben, könnte das Probleme mit der Polizei oder Grenzpolizei verursachen. Alle größeren Gegenstände (z.B. Laptops, Fernseher), die nach Serbien eingeführt werden, müssen deklariert werden.

Bargeld: Fremde Währungen können ohne Beschränkung hinsichtlich der Menge ins Land eingeführt werden. Einreisende sollten Fremdwährungen deklarieren und erhalten eine Quittung, die die Ausfuhr des betreffenden Betrages beim ersten Verlassen des Landes erlaubt. Ausländer dürfen ohne Bestätigung einen Betrag unter 2000 Euro ausführen. Für die darüber hinausgehende Summe wird ein Schreiben der Bank verlangt, das nachweist, dass sie den Betrag von einem ausländischen Devisen- oder Sparkonto abgehoben haben.

Kunstgegenstände: Für den Export von originalen Gegenständen von kulturellem, künstlerischem, archäologischem, ethnografischem, historischem oder wissenschaftlichem Wert ist eine Sondergenehmigung nötig. Die Erlaubnis erteilt das serbische Kulturministerium.

Tiertrophäen können exportiert werden, wenn Sie die Erlaubnis für die Ausfuhr ausgestopfter Tiere oder Tierteile durch das Serbische Ministerium für Wirtschaftliche Auslandsbeziehungen haben oder, bei anderen Trophäen, ein Jagd-Zertifikat besitzen.

Kraftfahrzeugversicherung: Motorisierte Besucher benötigen eine internationale Versicherungskarte mit Gültigkeit auf dem Gebiet von Serbien und Montenegro. Haben Sie keine, erhebt die zuständige Behörde (Automobilverband AMSS, nicht die Zollbehörde!) die Gebühr für die Pflichtversicherung, sobald Sie ins Land einreisen.

Bemerkung: Beachten Sie, dass die serbischen Behörden die externen Grenzübergänge des Kosovos nicht als offizielle Grenze anerkennen. Es ist aus diesem Grund nicht ratsam, über Kosovo nach Serbien einzureisen.

Jat Airways-Bus an der Haltestelle am Hotel Slavija

Wenn Sie ins Ausland anrufen, wählen Sie:

00 + Landesvorwahl + Stadtvorwahl ohne Null + Telefonnummer

z.B. 00-49-30-4444444

(49 für Deutschland, 30 für Berlin)

an: Fax, Internet, Sekretärdienste. Erkundigen Sie sich nach dem Tarif, denn die Gebühren schwanken stark.

Im Innenstadtbereich aller Städte gibt es **Telefonzellen**. Sie benötigen eine Telefonkarte („Halo kartica"), die Sie in der Post oder am Kiosk erstehen können. Es gibt 200-, 300- und 500-Dinar-Karten. Für lokale Gespräche ist die billigste für ein paar Tage sicherlich ausreichend.

Briefmarken sind im Postamt erhältlich. Innerhalb Serbiens kostet eine Sendung 20 Dinar, ins gesamte Ausland 46 Dinar. Der Postdienst kann sehr unregelmäßig sein und man sollte sich nicht zu sehr auf ihn verlassen. Wenn etwas ganz sicher ankommen soll, ist es ratsam, einen westlichen Kurierdienst zu beanspruchen.

Expressdienste

DHL, Omladinskih brigada 86;
Tel. 310-55-00; geöffnet 8-20h, Sa 8-15h, So geschlossen

Post Express, Takovska 2,
Tel. 3-607-607

FedEx, Autoput 22, Tel. 31-49-075

UPS, Flughafen "Nikola Tesla",
Tel. 209-4000 Nebenstelle 2112

TNT, Cvijićeva 60, Tel. 769-232

Internetcafe

Ausländische Zeitungen kann man in Belgrad finden. Große Buchläden (so wie „Plato" in Vase Čarapića Str.) oder zentral gelegene Kiosks (z.B. vor dem Hotel „Kasina" auf den Terazije) haben gewöhnlich aktuelle Zeitungen in verschiedenen Sprachen. Englischsprachige **Radiosendungen** können Sie bei BBC World Service auf Kurzwelle hören - 6195 kHz morgens, 12095 tagsüber und 9410 abends. Voice of America wird auf 9760 und 6040 kHz gesendet. Satelliten- und Kabelfernsehen ist sehr weit verbreitet.

Internetcafés gibt es nicht all zu viele, aber wenn Sie eines benötigen, werden Sie leicht eins finden. Der übliche Preis liegt bei 1 Euro pro Stunde. Falls zufällig keines in der Nähe sein sollte, suchen Sie den nächsten Gaming-Club (gewöhnlich mit der Bezeichnung igraonica), von denen es jede Menge gibt. Außerdem besitzen viele Hotels, Motels und Hostels Computer, die Sie benutzten können. Des Weiteren bieten zahlreiche Belgrader Hotels, Restaurants und Cafés kostenlosen W-LAN Internetzugang an, so z.B.: das Cafe Plato (Ecke Vase Čarapića und Studentski trg), Sport Café (Innenhof Makedonska 4), Apropo (Cara Lazara 10) oder Majik (Džordža Vašington 38a).

Es gibt drei **Handynetzbetreiber**, **MTS** (064 und 065), **Telenor** (Nummern, die mit 063 und 062 beginnen) und **VIP** (060 und 061). SIM-Karten können relativ unkompliziert bei den Filialen der Betreiberfirmen oder an den meisten Kiosks erworben werden – eine neue SIM-Karte sollte nicht mehr als 10 Euro kosten. Ihren Kredit (dopuna) können Sie einfach an Zeitungskiosks oder im Supermarkt wieder aufladen.

Telenor, Kneza Mihaila 52,
Call-Service 063/9863

MTS, Trg Nikole Pašića 7,
Call-Service 064/789

VIP, Kneza Mihaila 21,
Call-Service 060/1234

Internet cafes

Net Hol, Nušićeva 3

"M", Sremska 2

Forum, Balkanska 21

Mojo, Ruzveltova 1

Gesundheit

Das **Leitungswasser** kann man trinken. Selten ist das Wasser einiger Brunnen nicht zum Trinken geeignet; diese sind mit dem Hinweis *Voda nije za piće* gekennzeichnet. Wasser in Flaschen ist in allen Supermärkten erhältlich und für Leute mit empfindlichem Magen empfehlenswert. Die Milch ist pasteurisiert und die Frischmilchprodukte sicher für den Verzehr. Fleisch, Geflügel, Fisch und Gemüse gelten als unbedenklich und zum Verzehr geeignet.

Die **Hygienestandards** sind in den meisten Hotels und Restaurants recht hoch, außer in den billigen. Es gibt zahlreiche Apotheken.

Obwohl Ärzte und Pflegepersonal in den staatlichen Krankenhäusern gut ausgebildet sind, mangelt es im serbischen **Gesundheitssystem** teilweise an Arzneimitteln und medizinischen Geräten. Üblicherweise ist es erforderlich, die Behandlung in bar zu bezahlen und es ist ratsam, eine umfassende Versicherung abzuschließen, die einen Krankenrücktransport mit einschließt.

Die Zahl der HIV-Infizierten ist gering. Hepatitis A kann auftreten. Tollwut ist verbreitet und für dieser Gefahr direkt ausgesetzte Personen empfiehlt sich eine Impfung vor der Einreise.

24-STUNDEN-APOTHEKEN

„Prvi maj", Kralja Milana 9, Tel. 324-349

„Sveti Sava", Nemanjina 2, Tel. 2643-170

„Prima 1", Nemanjina 2, Tel. 3610-999

„Zemun", Glavna 34 (Zemun), Tel. 2618-582

STAATLICHE KRANKENHÄUSER

Klinički centar, Pasterova 2, Tel. 361-7777

Urgentni centar (Notaufnahme), Pasterova 2 (Eingang Resavska Str.), Tel. 3618-444

PRIVATE KLINIKEN

Bel Medic, Ambulanz - Viktora Igoa 1 (24 h geöffnet); Klinik - Koste Jovanovića 87; Palmira Toljatija 1 Call Center 309-1000, *www.belmedic.com*

Dr Ristić, Narodnih heroja 38, Tel. 2693-287 *www.dr-ristic.com*

Medicom, Braničevska 12a, 1. Stock, Tel. 3443-781

Senjak, Koste Glavinića 9, Tel. 3692-724

ZAHNÄRZTE

Beldent, Brankova 23, Tel. 634-455

Orthodent, Strahinjića bana 33, Tel. 188-327

Dr Malbašić, Sokolska 7, Tel. 453-120

Hazena, Ohridska 13, Tel. 2430-122 *http://hazenadental.com*

VMA Krankenhaus in Banjica

SICHERHEIT

Nach allem was es durchgemacht hat, ist Serbien ein bemerkenswert sicherer Ort. Es sind immer Leute auf der Straße, sogar spät nachts oder im Winter und Sie werden sich zu jeder Uhrzeit und an jedem Ort sicher fühlen; trotzdem ist es vernünftig, abgelegene Gegenden nachts zu meiden.

Alleinreisende Frauen sind in Serbien genau so sicher wie alle anderen Reisenden. Es ist unwahrscheinlich, dass Sie körperlich belästigt werden. In Diskotheken oder an ähnlichen Orten könnte es sein, dass sie Aufdringlichkeiten abwehren müssen, sehr selten auf der Straße.

Es gibt keine Gesetze gegen **homosexuelle Handlungen**, aber das öffentliche Zeigen von Zuneigung ist höchst unratsam. Informationen über gayfreundliche Bars und Clubs finden Sie auf den Internetseiten *www.gay-serbia.com* oder *www.belgrade-gay.com*.

Einige Orte, die häufig von Touristen besucht werden, sind für **Taschendiebe** bekannt und es ist besser, im Tagesgepäck nur das Nötigste mitzunehmen. Lassen Sie ihr übriges Geld, ihr Flugzeugticket, den Reisepass und andere wertvolle Gegenstände im Safe an der Rezeption Ihres Hotels. **Teure Autos** könnten Diebe anlocken und sollten nur auf bewachten Parkplätzen oder wenigstens an gut beleuchteten Orten abgestellt werden. Lassen Sie niemals Taschen oder andere Gegenstände sichtbar im Wagen liegen.

Betteln ist nicht so weit verbreitet, trotzdem kann es in Straßencafés oder in der Fußgängerzone passieren, dass Sie von Bettlern angesprochen werden. Sie sind aber lange nicht so agressiv, wie ihre ‚Kollegen' in den meisten anderen Ländern.

Fotografieren Sie weder polizeilich oder militärisch bewachte Gebäude, noch die, die in den NATO-Luftangriffen beschädigt oder zerstört wurden.

Tragen Sie jederzeit Ihren **Reisepass** bei sich. Wir empfehlen Ihnen, eine Kopie Ihres Passes an einer sicheren Stelle aufzubewahren. Das könnte dienlich sein, wenn Sie ihn ersetzen müssen, falls er verloren gehen oder gestohlen werden sollte.

Es ist in Serbien Vorschrift, dass Sie sich innerhalb von **24 Stunden nach Ankunft bei der Polizei melden**, wenn Sie nicht in einem Hotel/Hostel wohnen, wo Sie automatisch beim einchecken registriert werden. Für die Anmeldung in Belgrad suchen Sie mit Ihrem Gastgeber die Polizeistation in der Majke Jevrosime 33 auf. Dieser benötigt die Bestätigung, dass er Eigentümer der Wohnung ist, in der Sie untergebracht sind. Da dies alles ziemlich kompliziert ist und die Polizei selten die Meldebescheinigung kontrolliert, könnten Sie riskieren, sich diese Prozedur zu ersparen, wenn Sie nur ein oder zwei Tage bleiben (obwohl es höchst ratsam ist, sich zu registrieren).

Es ist besser, nicht über Politik zu diskutieren, da viele Leute dazu neigen, Politik mit Emotionen zu vermischen. Meiden Sie Demonstrationen und öffentliche Versammlungen.

Obwohl auf den Straßen serbischer Städte illegale Substanzen gegenwärtig sind, wird der Besitz (auch in geringsten Mengen) oder das Handeln mit **Drogen** mit strikten Strafen bis hin zu Gefängnis geahndet.

Streunende Hunde stellen in großen Städten ein Problem dar und vermeiden Sie deshalb das herumstöbern an verlassenen Plätzen, vor allem allein. Wenn Sie ein Rudel Hunde sehen, bleiben Sie ruhig und verhalten Sie sich normal, es ist sehr selten, dass sie Menschen angreifen.

Berittene Polizei im Kalemegdan-Park

SHOPPING

Obwohl es möglicherweise überraschend klingt, hat Belgrad alles zu bieten, was Ihr Herz begehren könnte. Die Serben geben gerne Geld aus und das Angebot variiert, um die Bedürfnisse von arm und reich zu befriedigen. Die meisten Einkäufe in den Geschäften in der Altstadt kann man in der Fußgängerzone Kneza Mihaila und Umgebung und am langen Bulevar kralja Aleksandra erledigen, aber es gibt auch einige bemerkenswerte Shoppingmalls. Zwischen der Kneza Mihaila und dem Obilićev venac befindet sich das **New Millennium** (Eingang von der Kneza Mihaila 19-21), die beliebte **City Passage** ist nur ein paar Schritte entfernt am Obilićev venac 18-20. Die größten und prestigeträchtigsten Shoppingmalls sind die neueröffneten in Neu Belgrad: **Delta City** (Jurija Gagarina 16), und **Ušće** (direkt bei der Brankov Brücke). Neben zahlreichen Läden und Shops bieten diese auch eine große Anzahl an Supermärkten, Cafés, Multiplex Kinos sowie Bowling-Bahnen.

Typische Andenken

Ebenfalls in Neu Belgrad liegt die **Piramida** (Jurija Gagarina 151), welches nicht so vornehm ist, aber wegen seines unterschiedlichen Angebots interessant ist, wie auch der klassische **Merkator** (Bulevar umetnosti 4). Im Unterschied zu den andern Geschäften, die um 8 oder 9 Uhr früh aufmachen, öffnen die Malls meist erst gegen 10, schließen aber samstags erst um 15 Uhr. Delta City und Merkator sind auch sonntags geöffnet.

Wer an echten Schnäppchen (und weit weniger Finesse) interessiert ist, sollte dem Flohmarkt (*Buvljak*) in Neu Belgrad oder den Straßenverkäufern im oberen Teil des Bulevar kralja Aleksandra, die nicht legal aber von der Polizei geduldet sind, einen Besuch abstatten, den chinesischen Markt im Blok 70 in Neu-Belgrad inspizieren oder auf den Märkten unter freiem Himmel, die neben Lebensmitteln auch Bereiche für andere Waren haben, Ausschau halten.

Lebensmittelläden gibt es viele, die eine gute Auswahl haben und mehr oder weniger die gleichen Preise wie die großen Einkaufsmärkte verlangen. Sie haben montags bis samstags von 7 Uhr früh bis 8 oder 9 Uhr abends geöffnet, sonntags schließen sie früher, etwa um 15 Uhr.

Wenn Sie gute **Volkskunst-Souvenirs** lieben, sollten Sie den Museumsshop des **Ethnographischen Museums** am Studentski trg 13 besuchen. Hier kann man die typisch serbischen Gegenstände finden, wie traditionelle Schuhe – *opanci* -, Stickereien, Korbflechtware, Schnitzereien, Webereien, gestrickte Pullover und andere Strick- und Häkelarbeiten, nicht zu vergessen die kleinen Gläschen mit Eingemachtem und den feinen serbischen Tropfen. Sollten letztere Ihrer Vorstellung eines perfekten Souvenirs aus Serbien entsprechen, sind Sie gut beraten, der **„Rakia Bar"** Souvenirladen einen Besuch abzustatten, einem Geschäft auf den Terazije 42, das eine großartige Auswahl an rakija und anderen Delikatessen bereithält.

Bei den meisten Sehenswürdigkeiten werden für Touristen Postkarten, Kunstgegenstände und Andenken angeboten, wie Tassen, Teller, T-shirts, etc. Die interessanteste Auswahl finden Sie bei **„Beogradski izlog"** (Ecke Kneza Mihaila Str. und Platz der Republik) oder an den **Straßenständen** am oberen Ende der Kneza Mihaila Str., die Kunsthandwerksgegenstände verkaufen, die oft Belgrad zum Thema haben.

Für Kunstliebhaber gibt es viele **Galerien**, die Gemälde, Skulpturen und sogar traditionelle orthodoxe Ikonen verkaufen.

Irish Pub "The Three Carrots", Kneza Miloša 16, Rock
Lava Bar, Kneza Miloša 77, Evergreen
Teatro Bar, Sarajevska 26, House, Disco
Mr Stefan Braun, Nemanjina 4, 9. Stock, Disco House

Um das Vukov Spomenik
Tramvaj (aka Žagubica), Ruzveltova 2, Jazz, Evergreen
Danguba, Ćirila i Metodija 2, Rock, Konzerte
Korčagin, Ćirila i Metodija 2a, lokale Livemusik
KST, Bulevar kralja Aleksandra 73, *www.kst.org.yu*, Rock, Metal, lokaler Rock
Underworld, in der unterirdischen Zugstation „Vukov spomenik", Rock
Šipražje, Golsvortijeva 13, Alternative
Kuća Piva, Mileševska 42, Pop, Rock

Zemun
Rak, Beogradska 14, Rock, Pop, live gigs
Koleba, Radoja Dakića 13 (in the backyard), lokale Livemusik
Ona, Grobljanska 9 (Auf der Spitze des Gardoš-Bergs), regionale Musik
Fest, "Pinki" Sports Hall im Gradski Park, Rock, Latino, Gypsy
Burence, Strma 2 (Gardoš Hill), Gypsy, Pop
Reka, Kej oslobodjenja 73, Pop, regionale Musik

Weiter außerhalb
Gaučosi, Vojvode Bojovića 17a (unterhalb der Belgrader Festung an der Sawa), Pop-Rock, Zigeunermusik
Vox, Lješka 26 (Banovo brdo), Blues, Rock
Rif, Ecke Makenzijeva- Čuburska-Straße, Jazz
Loft & Buduar, Grčića Milenka 51 (Pašino brdo), Pop

Bar Latino, Turgenjevljeva 5 (Banovo brdo), Latino
Crystal, Ruska 1 (Senjak), House, Pop

Hausboot-Clubs

Eine von Belgrads bekanntesten Spezialitäten sind die Clubs an den Flussufern (*splavovi*). Nur ein paar sind das ganze Jahr geöffnet, alle jedoch im Sommer, wenn die kühle Brise vom Fluss sie zum unübertroffenen Heilmittel gegen die Hitze macht. Die meisten sind groß und haben Bereiche zum Tanzen und zum Sitzen, aber alle sind sehr laut.

In der Nähe der Brankov Brücke
Mit Pop und rockigem Latino Mix sowie Alternativer Musik unterscheidet sich dieser Teil des Sava Ufers ein wenig vom Rest der *splavovi*-Szene.
Olympic, Rock
20/44, Electric, Latino
Ladja (aka Joker), Alternative

Unterhalb der alten Sava Brücke
Dies ist unbestreitbar das Zentrum des *splavovi*-Nachtlebens für alle, die sich als „urban" betrachten und bietet eine Auswahl unterschiedlicher Sounds. Oft überfüllt mit Autos, die an allen möglichen und unmöglichen Orten geparkt sind.
Exile, drum'n'bass
Freestyler, House
Sound, House, R'n'B
Povetarac, Rock, Pop
River, lokale Musik, R'n'B
Plastic Light, House, R'n'B
Sindikat, lokale Musik, pop
Am Hotel Jugoslavija
Im Gegensatz zum vorgenannten Ort, ist hier eher leichtere Musik und lokale Musik angesagt.

Gehobenes clubbing, Mr Stefan Braun

Blaywatch, Dance, Disco
Amsterdam, lokale Musik
Acapulco, Dance, lokale Musik
Savana, Gypsy, Pop

An der Ada Ciganlija

Die meisten Clubs sind auf der Belgrader Seite des Sees (der sogenannten Makiška strana), die anderen gegenüber. Alle sind teilweise überdacht, teilweise am Strand.

Sunset, Pop
Black Panthers, Gypsy
Hua Hua, lokale Musik
Red Shoes, Pop

Cafés

Es gibt eine Vielzahl von Cafés aller Größen und Variationen in Belgrad, aber in ein paar Straßen sind ganz besonders viele anzutreffen, so in der **Strahinjića Bana** Str. in Dorćol, am **Obilićev Venac** parallel zur Knez-Mihailova, in der **Nušićeva Str.** an den Terazije, in der **Njegoševa Str.** zwischen der Beograđanka und dem Dritten Gymnasium.

Casinos

Grand Casino, Bulevar Nikole Tesle 3, Tel. 22-02-800, *www.grandcasinobeograd.com*
Fair Play, im Hotel "Kasina"Terazije 25, Tel. 323-36-13
Aleksandar, Čumićevo sokače 55, Tel. 324-3114
Hotel Slavija, Svetog Save 1-9, tel. 4444-632

Cocktailgenießer im "Ben Akiba"

ESSEN UND TRINKEN

Eine der besten Seiten der ‚serbischen Erfahrung' ist es, die lokale authentische Küche zu kosten. Erstens, weil es sie gibt und zweitens, weil sie so günstig ist, dass es sich jeder leisten kann. Die Serben sind sehr stolz auf ihre Küche und obwohl die meisten Spezialitäten pan-balkanisch

Ein buntes Winter-Menü

sind, sind sie mit heimischen Aromen gewürzt und auf spezielle Art zubereitet. Als sich in den letzten Jahren der Trend zu gesundem Essen entwickelte, geriet die serbische Küche wegen ihrer verschwenderischen Verwendung von Öl, Fett und Fleisch in die Kritik. Sicherlich etwas deftig und vor allem sättigend, erinnert die serbische Küche an die alte Zeit des guten, einfachen und überreichlichen Essens. Nachdem Sie ein paar der Spezialitäten probiert haben, werden sie höchstwahrscheinlich diese Kritik und die mahnenden Ernährungswissenschaftler vergessen oder zumindest die Dinge von der kulinarischen Warte aus betrachten.

Die serbische Küche spiegelt die geografischen und historischen Einflüsse der Region. Man könnte sagen, die Serben mischten alles von deutschen Würstchen über ungarisches Gulasch, italienische Pasta und verschiedene türkische Speisen und suchten sich das aus, was ihnen am besten schmeckte. Die fleischreiche Seite der Esskultur zeigt sich am besten an den **Grillspezialitäten** (*roštilj*). Der besondere Geschmack des gegrillten Fleischs kommt aus Südserbien und wird deshalb manchmal als *Leskovački roštilj*

(Grillfleisch aus Leskovac) bezeichnet und verbreitete sich von dort in den 1920er Jahren in ganz Jugoslawien. Die Speisekarte aber auch wirklich jeden Restaurants enthält *Ćevapčići* (kleine Hackfleischröllchen), *pljeskavica* (Kalbs- und Schweinehackfleischfladen mit Gewürzen), *ražnjići* (gegrillte Stücke vom Kalb und Schwein), *vešalica* etc. Diese sind immer eine gute Wahl – lecker und billig (meistens etwa 5 EUR). Alles wird mit sehr viel Zwiebeln serviert und man tut gut daran, etwas Salat oder Kartoffeln dazu zu bestellen. Die Varianten, die mit Käse und noch mehr Gewürzen gefüllt sind, werden als *gurmanska* bezeichnet. Sie werden als *rolovani* – in Schinken gerollt, oder *na kajmaku* – auf Kaijmak gegrillt serviert (siehe unten). Die Grillwürstchen sind recht weit von den deutschen entfernt, denn sie sind fast alle sehr scharf. Ein schmackhaftes Mahl ist das dem Wiener Schnitzel ähnliche *Karadjordjeva šnicla*, gerolltes Kalbs- oder Schweinefleisch, gefüllt mit Speck, weißem Käse und Schinken, paniert und gebraten, serviert mit gebratenen Kartoffeln, Tartarsoße und, natürlich, Zitrone. Es mag merkwürdig und abstoßend klingen, aber der wahre Kenner wird beli *bubrezi* (Hoden) oder *škembići* (Innereien) genießen. Eine der Leidenschaften der serbischen Feinschmecker ist **Fleisch am Spieß** (*pečenje*), meistens Spanferkel (*praseće*) oder Lamm (*jagnjeće*), letzteres wegen seines strengeren Geschmacks beliebt. Bestellt wird es meist in Kilogramm und mit Meerrettich (*ren*) oder frischem Krautsalat (*kupus salata*) genossen. Spieße sind ein Muss bei jeder größeren Feier, was ihre Beliebtheit teilweise erklärt. Eine besondere Spezialität sind die mit dem Zusatz *pod sačom* bestellten Speisen, die in einem Tontopf in der Glut zubereitet werden.

Leskovačka mućkalica, ***Kasserole aus gemischtem Grillfleisch***

Jahrhundertelang basierte die serbische Küche auf Getreide, Kohl, Paprika und Kartoffeln. Kombiniert ergeben diese Zutaten einige der meistbekannten serbischen Gerichte. *Sarme* sind gefüllte Sauerkrautwickel, eine in Kohlblätter gewickelte Mischung aus Hackfleisch und Reis, *punjene paprike* („Gefüllte Paprika") sind grüne Paprika gefüllt mit Hackfleisch und Reis, die mit einer Tomate verschlossen werden, *djuveč* ist eine reichhaltige Kasserole mit Fleisch, Reis und Gemüse. Am berühmtesten ist wahrscheinlich die Serbische Bohnensuppe (*pasulj*). Eine wunderbar schmackhafte Kulinarität ist der „Hochzeitskohl" (*svadbarski kupus*), der nach dem Anlass, zu dem er zubereitet wurde, benannt ist; Kohl und Trockenfleisch werden in großen Tontöpfen mehrere Stunden lang gekocht. Wenn Sie Kohl gerne mögen, kosten Sie auch podvarak, eine Mischung aus Sauerkraut und Reis, die im Ofen gebacken und mit Schweinefleisch serviert wird. Orientalisch sind *musaka* (Moussaka) und *kapama* (Lamm gefüllt mit Spinat, Schalotten und Joghurt). *Gulaš* und *paprikaš* sind den ungarischen ähnliche Eintöpfe mit lokalem Einschlag.

Vergessen Sie die Appetitanreger nicht, die manchmal auch als **Häppchen** zu starken Alkoholika gegessen werden. *Čvarci* sind Grieben, *duvan-čvarci* sind wie Tabak geschnitzelte Grieben. *Pršuta* ist geräucherter Schinken; die berühmtesten Variationen kommen aus der Region von Užice. Eine ungewöhnliche Spezialität ist *pihtije*, eine geleeartige Speise vom Schwein. *Prebranac* sind mit Zwiebeln gebratene Bohnen – ein Muss für jeden Besucher. Obwohl Salat genannt, ist urnebes salata eigentlich stark gewürzter Frischkäse mit Paprika.

Es gibt mehrere Arten von Grütze, die sehr schmackhaft sein können, wenn sie gut zubereitet sind: *kačamak* ist etwas wie Polenta aus Mais und wird mit Rahm serviert, *cicvara* besteht aus mit Rahm gekochtem Weizenmehl, *popara* ist sehr einfach, gekochtes Brot mit Weißkäse. Wegen ihrer Füllung und ihres Fettgehalts kann man die Kuchen als Hauptgerichte bezeichnen. Die bekanntesten sind *gibanica* (mit Ei und Käse) und *zeljanica* (mit Sauerampfer).

Frisch vom Grill auf den Tisch

Pita-*Kuchen mit Sauerampfer:* zeljanica

Das Angebot an **Milchprodukten** ist sehr breit gefächert. Rahmprodukte reichen von leichteren und saureren wie *kiselo mleko* bis zu fetteren und süßeren wie *pavlaka*. Etwas, was die Serben im Ausland vermissen, ist der *jogurt*, der im Gegensatz zu Joghurt im Westen, flüssiger und saurer ist. Eine wirklich serbische Spezialität ist *kajmak*, eine fette Rahmcreme einzigartigen Geschmacks, die viele Speisen begleitet. Käse wird gern ganz jung gegessen, vom milden *švapski* („deutsche") bis zum salzigen *sjenički* oder dem salzigen und trockeneren *zlatarski*. Von den länger gereiften Käsesorten ist der bekannteste der *kačkavalj* (wie der italienische caciocavallo), besonders gut sind die Sorten vom Berg Stara Planina und aus der Region Krivi vir.

Die Sommer**salate** werden aus frischem Gemüse zubereitet. Am verbreitetesten sind *Srpska* (Serbischer Salat mit Tomaten, Gurken, grüner Paprika und Zwiebel) und *Šopska salata* (ähnlich, aber mit geriebenem Frischkäse). Im Winter essen die meisten Leute in Knoblauch und Öl eingelegte geröstete Paprika, *turšija* (sauer eingelegtes Gemüse), *ajvar* (eine Paste aus roter Paprika, Aubergine, Knoblauch und Chilli-Schoten) oder Sauerkraut (*kiseli kupus*) mit dem unvermeidlichen Hauch Paprika.

Jedes gute Mahl sollte mit einer **Suppe** eröffnet werden. Obwohl es auch leichtere Suppen gibt, sind am beliebtesten die *čorba* mit viel Gemüse und Fleischstückchen, wie die schmackhafte *teleća čorba*, eine Kombination mit Lamm und Gemüse.

Fisch wird nicht so häufig gegessen, außer während der langen Fastenzeiten, die die orthodoxe Kirche vorschreibt und die von manchen Leuten mehr oder weniger eingehalten werden. Am besten isst man ihn in Fischrestaurants, obwohl man den meisten Restaurants, die Fisch anbieten, trauen kann. Seefisch und Süßwasserfisch sind gleichermaßen verbreitet und am beliebtesten sind Forellen (*pastrmka*), Karpfen (*šaran*) und Barsch (*smudj*). Viel gegessen wird die *riblja čorba*, eine Fischsuppe mit viel Paprika. Ein populärer Snack ist *girice* - rösch gebratener Laxierfisch, der stark duftet und deswegen manchmal auf der Straße verkauft wird.

Es ist üblich, am Ende der Mahlzeit etwas **Süßes** zu sich zu nehmen. Es gibt viele Konditoreien (*poslastičarnica*), die ein hervorragendes Sortiment an Gebäck und Süßspeisen anbieten. Die serbischen Süßigkeiten sind stark von den türkischen auf der einen und den österreichischen auf der anderen Seite beeinflusst, aber es wird viel experimentiert und Neues kreiert. Wenn Sie etwas Typisches probieren wollen, kosten Sie *baklava* (Nüsse und geschmolzener Zucker), *suva pita* (Walnuss und Rosinen) oder *orasnica* (Walnuss). Dann gibt es die Strudel (*štrudla*) mit Mohn (*sa makom*), Walnuss (*sa orasima*) oder Apfel (*sa jabukama*). Es gibt auch Eis, Limonade und *boza* (ein Getreidetrunk, ähnlich dem türkischen, jedoch leichter). *Žito* oder *koljivo* wird zeremoniell für die slava Feste zubereitet, kann aber auch in den Konditoreien probiert werden. Es ist eine Masse aus Weizenkörnern, Nüssen und Rosinen, die manchmal mit Sahne serviert wird. Etwas, was Sie fast nur bei den Leuten zu Hause finden können, ist *slatko*, sehr süßes Eingemachtes aus allen Sorten von Früchten, von Aprikosen bis Walderdbeeren, üblicherweise mit Walnuss oder Rosenblüten verfeinert. Es ist keine Speise in dem Sinne und man nascht nur ein, zwei Löffel davon. Die Marmeladen (*pekmez* oder *džem*) sind dicker als die im Westen.

Karpfen mit getrockneten Pflaumen

Man sollt nicht versäumen, eine der **Bäckereien** (*pekara*) aufzusuchen. Hier gibt es vor allem salziges Gebäck, aber auch einige ernsthafte Süßigkeiten. Sie haben die Wahl zwischen dem traditionellen *burek* (salziges Bätterteiggebäck mit Fleisch, Käse, Pilzen oder ohne alles), das man am besten mit Joghurt, den es ebenfalls in der Bäckerei gibt, genießt, *pogačice* (mit oder ohne Grieben), *pita* (Kuchen mit Kartoffeln, Spinat etc.), *proja* (Maisbrot mit Käse), *mekike* (frittierter Teig), Croissants, heiße Sandwiches und Pizza.

Im Sommer werden in den Straßen gekochte Maiskolben verkauft (kuvani kukuruz). Außer Popcorn (kikiriki) sind verschiedene Kerne (semenke) beliebt, die man kauft, bevor man ins Kino geht: Sonnenblumenkerne und Kürbiskerne werden neben anderen Snacks vor den Theatern verkauft.

Kein Gespräch kann begonnen und kein Mahl abgeschlossen werden, ohne den beinahe rituellen **Kaffee**, der in großen Mengen getrunken wird. Der schwarze Kaffee (*crna, turska* oder *domaća kafa*) wird auf besondere Weise zubereitet: die pulverfein gemahlenen Bohnen werden in kleinen Gefäßen aufgekocht und ergeben einen starken, geschmackvollen Kaffee, der üblicherweise mit einem Glas kalten Wassers serviert wird. Es ist üblich, den Grad der Süße zu bestimmen - *sladja* (süß) oder *gorča* (ohne Zucker) – sonst bekommen Sie einen Kaffee mittlerer Süße (*srednja*). In alten Cafés könnte es sein, dass Sie zum Kaffee noch ein Stück türkischen ratluk bekommen, einen süßen Geleewürfel. Bis kürzlich der unangefochtene Herrscher der Kaffeehäuser, muss sich der schwarze Kaffee seit neuestem auch in den einfachsten Lokalen neben Espresso, Cappuccino, Nescafé, etc. behaupten. Wenn Sie einen **Tee** bestellen, werden Sie gewöhnlich einen Kamillen- oder Hibiskustee bekommen. Tee auf englische Art ist möglicherweise schwieriger zu bekommen, man kann es versuchen und nach *indijski čaj* (indischem) oder *crni čaj sa mlekom* (schwarzer Tee mit Milch) fragen.

Ein Getränk, das unteilbar mit dem Namen Serbiens verbunden ist, sind die **Schnäpse**, genannt *rakija*. Sie haben jahrhundertelang das Temperament des Landes geprägt und wurden von fast allen selbst gebrannt. Keiner der selbstgebrannten Schnäpse gleicht dem anderen, und nicht alle sind gleich gut. Trinken Sie mit jemandem, der guten Schnaps kennt und Sie werden eine Vorstellung von Qualität bekommen. Es gibt einige Variationen; immer gut sind Sliwowitz (*šljivovica*) aus Pflaumen und *lozovača* aus Trauben (ähnlich dem italienischen Grappa). Es gibt aber auch *kajsijevača* (Aprikose), *jabukovača* (Apfel) und alle anderen denkbaren Früchte, denn der Fantasie sind keine Grenzen gesetzt und es werden auch alle möglichen Kombinationen mit Kräutern hergestellt. Der Alkoholgehalt liegt bei 40%, was am besten für den Geschmack gilt, aber man kann ihn auch viel stärker brennen. Merkwürdigerweise ist der Stolz des Landes, der Sliwowitz, relativ schwer in den Geschäften zu bekommen. Die wirklich guten, wie „Sokola“ oder „ Žuta osa” sind zwar reichlich teuer, aber jeden Pfennig wert. Günstiger und dennoch sehr gut sind die der Marke „Srpska Trojka”. Von den *lozovača* ist die Nummer eins unbestreitbar der Montenegriner „Crnogorska loza”, den man fast überall bekommt. *Vinjak*, die serbische Variante des Kognak, ist sehr populär und der beste ist „Rubin“. *Pelinkovac* und *stomaklija* sind mit Wermut aromatisiert. Ersterer ist viel milder und von erfrischendem Geschmack, am besten bekannt ist „Gorki list”. *Klekovača* ist ein Wacholderschnaps und *lincura* ist gewürzt mit der Wurzel des gelben Enzians. Im Winter ist neben heißem Wein (*kuvano vino*) auch heißer Schnaps (*kuvana rakija*) beliebt, der manchmal scherzhaft als "Tee der Šumadija" bezeichnet wird.

Die **Wein**produktion in Serbien ist in den 1990ern gesunken und obwohl es Zeichen einer Erholung gibt, ist sie noch immer nicht genügend wiederhergestellt. Die Spitzenweine werden großteils exportiert und in den hiesigen Geschäften verbleiben nur ein paar Weine, die es Wert sind, probiert zu werden. Es ist daher ratsam, im Geschäft oder Restaurant die teureren Weine zu wählen denn die anderen könnten enttäuschend schlecht sein. Die Kellereien, bei denen Sie nicht falsch liegen können, sind „Plantaže” aus Montenegro mit ihrem berühmten *Vranac*, der auch in der Variante des preisgünstigen Tischweins gut ist, und „Vršački vinogradi”. Die privaten Weinkellereinen Radovanović aus Krnjevo und Aleksandrović aus Topola produzieren Spitzenweine, die in den meisten guten Restaurants angeboten werden. Es gibt eine Reihe mazedonischer Weine, die ebenfalls empfehlenswert sind. In den Geschäften brauchen Sie für 1-Liter Weine eine alte Flasche oder Sie müssen Pfand bezahlen.

"Krokan", einer der edelsten serbischen Weine

Es gibt 14 zumeist große Brauereien in Serbien und Montenegro. Das **Bier** ist fast ausschließlich Pilsener Lager, das auch als Dunkel (*tamno*) ausgeschenkt wird. Es wird in 0,5 und 0,3 Liter-Flaschen und Dosen verkauft, aber auch in großen Plastikflaschen, die immer größer zu werden scheinen (von 1,5 bis 2,5 l). Gezapftes Bier (*točeno*) gibt es in allen größeren Lokalen. Alle Biere haben einen Alkoholgehalt von 4-5%. Die berühmtesten Brauereien sind „Jelen" („Hirsch") aus Apatin, „Nikšićko" aus Montenegro, „Lav" („Löwe") aus Čelarevo und „Weifert" aus Pančevo, die den Großteil des Landes versorgen. Die Qualität dieser Biere ist sehr hoch; die anderen weniger bekannten Sorten stehen in nichts nach. Internationale Marken sind weitestgehend erhältlich und „Tuborg" und „Beck's" werden jetzt auch in Serbien und Montenegro gebraut.

Das serbische Frühstück ist etwas leichter als das britische, aber weitaus reichhaltiger als das mediterrane. Es besteht gewöhnlich aus verschiedenen Arten von Gebäck, das mit Käse, Salami oder Marmelade verzehrt wird (achten Sie auf die Rushhour in den Bäckereien). Manchmal gibt es ein Omelette (*kajgana*) oder etwas Grütze. Zu Mittag gegessen wird ab 14h, doch heute kann es auch 16 oder 17 Uhr werden. Als Hauptmahlzeit des Tages kann das Mittagessen sehr reichlich sein. Das Abendessen ist normalerweise sehr viel leichter, doch viele Leute verbringen den Abend auch von Zeit zu Zeit ab 8, 9, oder 10 Uhr im Restaurant.

„Čobanov odmor" bietet Fast-Food nach serbischer Art

Es ist offensichtlich, dass Serbien nicht gerade ein Paradies für **Vegetarier** ist. Die meisten Restaurants bieten kein vegetarisches Menü an, es ist jedoch kein Problem, Beilagen und Salate auszuwählen, die kein Fleisch enthalten. Spezielle Vegetarische Restaurants in Belgrad sind das **„Lila"** (Palmotićeva 5) und **„Priroda"** (Batutova 11), sowie das **„Everest"** (Gospodar Jevremova 47a) welches Wraps und Smoothies serviert.

Fast-Food. Überall in Belgrad finden die Fast-Food-Restaurants, vor allem Grillstände, Bäckereien und Pizzabuden, es gibt aber auch Stände, die auf Sandwiches oder Crêpes (*palačinke*) spezialisiert sind. Die Preise sind günstig und das Angebot hochwertig. Hier ist eine Auswahl.

Grill: Zu behaupten, einen Grill besser als einen anderen zu finden, kann in Belgrad leicht eine Diskussion auslösen, aber die meisten Leute stimmen darin über ein, dass die folgenden gutes und reichhaltiges Fleisch anbieten. Einer der am meisten frequentierten ist **„Stepin vajat"** eine rustikal aussehende Hütte am Beginn der Vojvode-Stepe-Straße, nahe an der Autokomanda. Ein weiterer Anlaufpunkt für Hungrige ist **„Šiš ćevap"** in der Goce Delčeva Str. in Neu-Belgrad in der Nähe des Stari Merkator. Die ganze Gegen entlang der Goce Delčeva St ist eine Mekka für erschöpfte Nachtmenschen und bietet zahlreiche leckere Grills, wobei besonders der **„Pazarski ćevap"** erwähnt werden sollte. Ein anderes Zentrum für Grillliebhaber ist der Grüne Markt in Palilula wo man mit **„Prilog"**, **„Uno"** und **„Perper"**zahlreiche hochqulitative Grills findet. Ein anderer hervorragender Grill welcher keine Schließzeiten kennt ist **„Good Food"** am Zeleni venac, gegenüber von McDonalds oder der alte **„Nišlija"** in seiner neuen Lage in der Sarajevska 43. Der beste Grill in der Bahnhofsnähe ist **„Kec No. 1"** in Karadjordjeva St.

Pizza: Ihren Pizzahunger können Sie im **„Trg"** am Trg Republike oder in der Nušić. stillen. Die Bäckerei **„Toma"** hält tags wie nachts eine reiche Auswahl bereit. Leckere Pizza in der Innenstadt bieten auch das **„Špizza"** in der Nušićeva Straße eva Str oder **„Caribbean"** in Braće Jugovića sowie zahlreiche weitere Buden und Bäckereien in der Innenstadt.

Fisch: Es gibt nicht besonders viel auf Fisch spezialisierte Fast-Food-Restaurants; Das traditionelle **„Polet"** in der Kralja Milana 31 ist zentral geglegen und wird seit Jahren von selben Besitzer geführt.

Bäckereien kann man an jeder Ecke finden und viele von ihnen haben eine oder zwei Spezialitäten, die sie unterscheiden. Die Bäckerei **„Trpković"** in der Nemanjina Straße hat das beste burek, ein morgendliche Notwendigkeit in Serbien, während die kleine **„Čarli"** in der Braće Jugovića, gleich beim Trg Republike weithin für ihre unschlagbaren Hörnchen (kifle) bekannt ist. Probieren Sie in

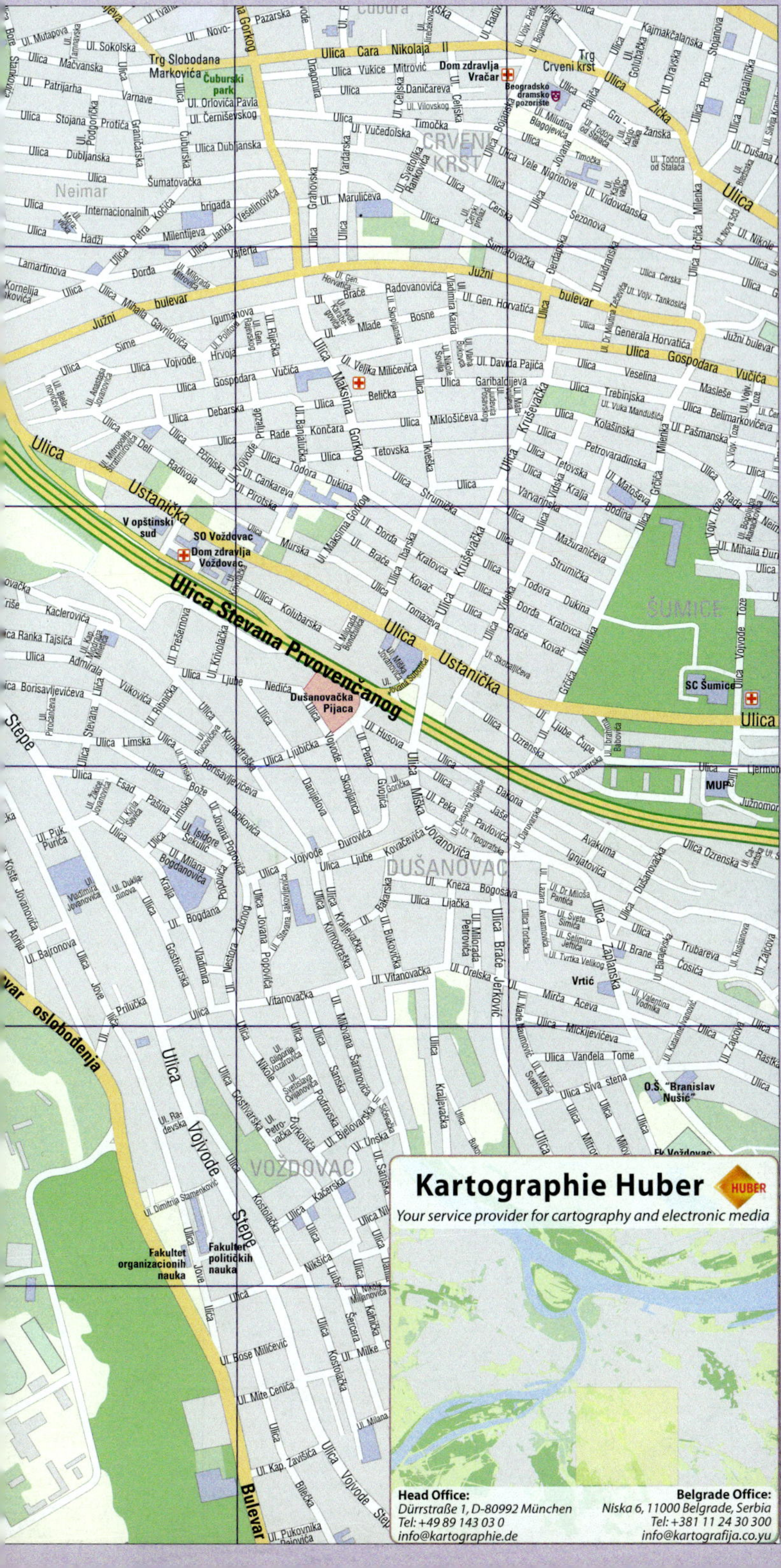
D
E
F
Trg Slobodana Markovića
Čuburski park
Ulica Cara Nikolaja II
Dom zdravlja Vračar
Beogradsko dramsko pozorište
Trg Crveni krst
CRVENI KRST
Ulica Zička
Neimar
Južni bulevar
Ulica Gospodara Vučića
Ulica Maksima Gorkog
Ulica Ustanička
V opštinski sud
SO Voždovac
Dom zdravlja Voždovac
Ulica Stevana Prvovenčanog
Dušanovačka Pijaca
ŠUMICE
SC Šumice
MUP
DUŠANOVAC
Vrtić
O.Š. "Branislav Nušić"
VOŽDOVAC
Bulevar oslobođenja
Ulica Vojvode Stepe
Fakultet organizacionih nauka
Fakultet političkih nauka
Ulica Ljube Čupe
Ulica Kruševačka
Ulica Milenka
Ulica Braće Jerković
Ulica Vojvode Toze

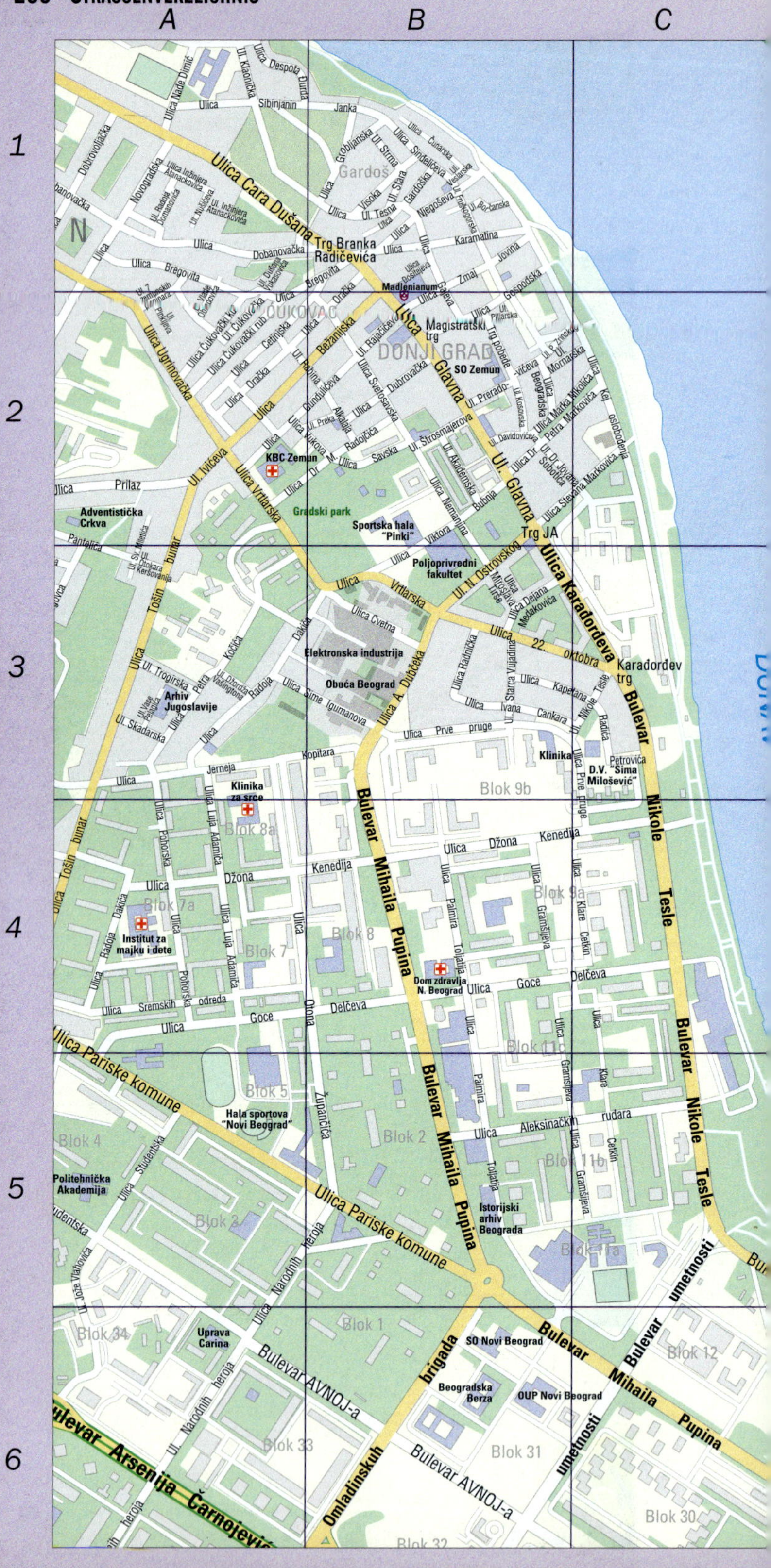
A
B
C
1
2
3
4
5
6
Ulica Cara Dušana
Trg Branka Radičevića
Gardoš
Madlenianum
Magistratski trg
DONJI GRAD
SO Zemun
ČUKOVAC
Ulica Ugrinovačka
Ulica Bežanijska
Ulica Glavna
Ul. Glavna
KBC Zemun
Gradski park
Sportska hala "Pinki"
Adventistička Crkva
Trg JA
Poljoprivredni fakultet
Ulica Karađorđeva
Karađorđev trg
Ulica Vrtlarska
Ulica 22. oktobra
Elektronska industrija
Obuća Beograd
Arhiv Jugoslavije
Ulica Tošin bunar
Klinika
D.V. "Sima Milošević"
Blok 9b
Klinika za srce
Blok 8a
Bulevar Nikole Tesle
Bulevar Mihaila Pupina
Blok 7a
Institut za majku i dete
Blok 7
Blok 8
Blok 9a
Dom zdravlja N. Beograd
Ulica Goce Delčeva
Blok 11c
Ulica Pariske komune
Blok 5
Hala sportova "Novi Beograd"
Blok 4
Politehnička Akademija
Blok 2
Blok 11b
Blok 3
Istorijski arhiv Beograda
Blok 11a
Blok 1
Blok 34
Uprava Carina
SO Novi Beograd
Bulevar umetnosti
Blok 12
Bulevar AVNOJ-a
Beogradska Berza
OUP Novi Beograd
Omladinskuh brigada
Blok 33
Blok 31
Bulevar Arsenija Čarnojevića
Ul. Narodnih heroja
Blok 30
Blok 32
DUNAV

CIP – Каталогизација у публикацији
Народна библиотека Србије, Београд

338 . 48 (497 .11 Београд) (036)

DULOVIĆ, Vladimir, 1977-
Belgrad auf der Hand : Stadtführer /
autor und redaktion Vladimir Dulović ; fotos Dragan Bosnić, Branko Jovanović ;
karten Aleksandar Stanojlović; übersetzung Renate Rädle . – 2. Ausg. –
Beograd : Komshe, 2008 (Beograd : Pubilkum). – 216 str. : fotogr., geogr.karte ; 22 cm

Izv. stv. nasl.: Beograd na dlanu. – Podatak o autoru preuzet iz kolofona. – Tiraž 1000. –
Registri
ISBN 86-86245-12-0

a) Туризам – Београд – Водичи
COBISS .SR-ID 15179596

living in
BELGRADE
.com
Web portal www.LivingInBelgrade.com
is a great place to find valuable information
aimed at improving and making life easier
to foreign visitors and foreign people who
live and work in Belgrade.
Our aim is to bring Belgrade closer, more
open, easier to get around and have fun.
living in BELGRADE .com
Bicycle Tours in Belgrade
iBikeBelgrade
Virtual Tours Belgrade wiki Stories Embassies Rent-a-car Live traffic cam Gift shop Web TV Marketing Contact
Category
Sightseeing tours
Chill out weekend
Activities
Health & Spa
Accommodation
Restaurants
Nightlife
Cafes
Cinemas
Theaters
Shopping
Public transport
Taxi
Parking
news
Direct Flight to Dubrovnik started
City sightseeing open top bus tours
Serbia will participate in EU's peacekeeping missions.
Dorian Gray
VIRTUAL TOUR
EXCELSIOR HOTEL BEOGRAD
Poll
Do you like our new design?
www.LivingInBelgrade.com

enjoy Belgrade

www.tob.co.rs

Regular sehenswürdigkeiten

Belgrade mit dem bus

Besichtigungsdauer: 90 min, mit führungen
Tour: Platz Terazije, Platz der Republik, Francuska-Straße, Dušanova-Straße, Belgrader Festung, Neu-Belgrad, Dedinje-Hügel, Tempel des heiligen Sava...
Abfahrt: eden Sonntag um 10 Uhr, Nikola-Pašić-Platz 12.

Archelogischer fundort Vinča

Besichtigungsdauer: 180 min, mit führungen
Tour: König-Aleksandar-Boulevard, Smederevostraße, Dorf Vinča, Archelologischer Fundort „Vinča", Tour durch die Fundstätten mit dem Reiseführer und Kurator des Städtischen Museums.
Abfahrt: jeden Samstag um 11 Uhr, Nikola-Pašić-Platz 12.

Königsresidenz

1. April bis zum 31. Oktober.
Besichtigungsdauer: ca. 2 Stunden, mit TOB führungen
Tour: Dedinje mit dem Bus, Spaziergang durch den königlichen Park mit Führungen, Königsschloss und Weisses Schloss.
Abfahrt: samstags und sonntags um 10.30 und 13.30 Uhr.
Informationen: 3343-460. E-mail: dvorski.kompleks@tob.co.rs

TOURIST INFO

european cities marketing

"Albanien palast": (011) 2635-622, bginfo.terazije@tob.co.rs
Flughafen Belgrad: (011) 2097-828, bginfo.aerodrom@tob.co.rs
Hauptbahnhof: (011) 3612-732, bginfo.stanica@tob.co.rs
Makedonska 5: (011) 3343-460, bginfo.makedonska@tob.co.rs
Hafen: (011) 3288-246, Karađorđeva st, bginfo.pristaniste@tob.co.rs
Tourismusorganisation: office@tob.co.rs, www.tob.co.rs

Museum Angewandter Kunst

In der Mitte steht das **Denkmal des Vojvoda Vuk** (Djordje Jovanović, 1936), wie der Spitzname des Freischärlers Vojin Popović lautet, der in Mazedonien für die Serben kämpfte und später auch an den Balkankriegen und dem 1.Weltkrieg teilnahm, in dem er 1916 fiel. Außer den Namen der Schlachten kann man am Sockel des Denkmals auch einen Totenkopf mit gekreuzten Knochen entdecken – das Symbol der četnici (*Siehe Kasten*), das den Feinden Furcht einjagen sollte.

An der Ecke zur Carice Milice Straße steht das **Haus des Dr. Platon Papakostopulos** (Milan Antonović, 1906) mit stilvollem sezessionistischen Schmuck. Dieser bemerkenswerte Mann war der erste Kinderarzt in Serbien und übersetzte „Ilias" und „Odyssee" aus dem Altgriechischen ins Serbische. Auf der anderen Seite dieser Häuserreihe befindet sich das Hotel **„Palace"** (1923), damals das vornehmste und größte Hotel Belgrads, mit schöner eklektizistischer Fassade.

Hotel Palace bei Nacht

An der Ecke zur Gračanička Straße steht das Haus der Kaufmanns Milan Pavlović von 1911. Er vermietete es nach dem Krieg an die Reitergesellschaft und ihren **„Reiterclub"**, der ein repräsentativer Treffpunkt der reichen und modischen Belgrader war.

Geht man die Gračanička Straße hinunter, gelangt man zu einem der ältesten Häuser Belgrads. Haus **Nr.10** stammt aus den Jahren 1789-91, als die Österreicher zum dritten mal in diesem Jahrhundert die Stadt für kurze Zeit von den Türken übernahmen.

5 Museum Angewandter Kunst

Muzej primenjene umetnosti

Vuka Karadžića 18; Tel. 26-26-841; geöffnet Di-Sa 11-19h, So und Mon geschlossen, www.mpu.org.rs

Das Museum befindet sich im Čelebonović Palast (1927), einem herrschaftlichen Gebäude, das 1929 Ivan Belić und Nikolaj Krasnov für den Rechtsanwalt Čelebonović entwarfen, den Vater der berühmten Maler Marko und Aleksa Čelebonović.

Das Museum verfügt über eine große Galerie, in der temporäre Ausstellungen organisiert werden und im ersten Stock richtet jährlich jeweils eine der elf Abteilungen eine Ausstellung aus; die aktuelle mit dem Titel **„Spuren aus Holz"** zeigt Dekorationstechniken für Stilmöbel. Im Erdgeschoss bietet ein gut sortierter **Souvenirladen** Kopien mittelalterlicher Schmuckstücke, Repliken aus dem Museum und Arbeiten zeitgenössischer Designer an.

Proleće (Vuka Karadžića 11) – kafana in einem Eckhaus mit einigen Tischen auf der Straße, immer gut gefüllt mit alten und jungen Schlemmern.

Crveni petlić (Ecke Gračanička und Cara Lazara) – Sofas und eine Bar auf der Straße sind die Kennzeichen dieses netten und witzigen Lokals.

6 Kosančićev venac

Dieses ruhige Viertel ist einer der wenigen Orte, wo man sich ins Belgrad des 19. Jahrhunderts zurückversetzt fühlt. Die gewundene Kopfsteinpflasterstraße folgt der Linie der barocken Stadtmauer. An der Stelle der ehemaligen Bastion steht ein kleines Haus von 1895 mit verfallener Fassade, erhalten ist jedoch die **Büste von Ivan Kosančić**, einem Helden aus den epischen Liedern. In der Schlacht vom Amselfeld (1389), die im Mittelpunkt der serbischen Epik steht, tötete sein Kampfgefährte, der Ritter Miloš Obilić, den türkischen Sultan Murad.

Auf der anderen Seite der Straße, wo jetzt ein großes Loch gähnt, stand einst die Nationalbibliothek. Sie wurde während des Luftangriffs am 6. April 1941, der den Beginn des Kriegs der Nazis gegen das Königreich Jugoslawien markiert, von deutschen Brandbomben getroffen. Damit gingen unzählige Bücher und tausende serbische Handschriften aus dem Mittelalter unwiederbringlich verloren, was einen großen kulturellen Verlust bedeutet. Bei den Aufräumarbeiten wurden unter dem Fundament die Überreste einer römischen Stadtvilla entdeckt und seitdem blieb der Ort sich selbst überlassen. Das kleine weiße Haus Nr. 18 aus der Mitte des 19. Jahrhunderts daneben ist das älteste in der Gegend. Gebaut aus Holz und gepresstem Lehm ist es typisch für die Häuser der ärmeren Bevölkerung.

Büste von Ivan Kosančić

Rechterhand endet die **Zadarska Straße**, ein beliebter Drehort serbischer Filmregisseure, wenn sie auf der Suche nach der Atmosphäre vergangener Tage sind.

Am unteren Ende des Kosančićev venac steht mit der Nr. 22 das **Haus von Mika Alas**, benannt nach dem Spitznamen des berühmten Mathematikers und Universitätsprofessors Mihailo Petrović - „Mika der Fischer“ (*Siehe Kasten*). Sein bescheidenes Haus mit großartiger Aussicht auf die Sava (Petar Bajalović, 1910) steht an der Stelle eines älteren, in dem er geboren wurde. Die Fassadengestaltung verbindet stilistische Einflüsse der Sezession und des serbischen Mittelalters; die Wasserlilien auf Höhe des ersten Stocks und der geschnitzte Fisch an der Tür erinnern an den einstigen Besitzer. Seine **Büs**te auf der Aussichtsterrasse vor dem Haus stammt von Aleksandar Zarin von 1969.

Ornamente im Sezessionsstil am Mika-Alas-Haus

Ein ganz gewöhnliches Genie

Mihailo Petrović führte ein ungewöhnliches Leben in jeder Hinsicht. Seinen Doktor in Mathematik erhielt er an der Sorbonne. Als Professor für Theoretische Mathematik wurde er mit nur 32 Jahren Mitglied der Serbischen Akademie der Wissenschaften. In seinem Privatleben trat er als begabter Violinist auf und spielte regelmäßig in Belgrads Kneipen Volks- und Zigeunermusik. Seine Lieblingsbeschäftigung war das Fischen: Er war Mitglied der Fischergilde und schrieb einige Bücher, in denen er die alten Techniken des Fischfangs auf der Donau untersuchte, außerdem stammen die Gesetzestexte zum Frischwasserfischen aus seiner Feder. Er meldete eine Reihe von Patenten auf dem Gebiet der Rechenmaschinen an, die er selbst produzierte und sein unübertroffener Geheimcode wurde von der serbischen und jugoslawischen Armee über 40 Jahre lang benutzt. Obwohl er bereits ein alter Mann war, nahm er zwei Mal an einer Polarexpedition teil und seine Reisebeschreibungen wurden zu den Klassikern der serbischen Reiseliteratur. Er lebte mehr als bescheiden und verbrachte seine Freizeit mit seinen Fischerfreunden. Der Presse gab er nur ein einziges Mal in seinem Leben eine Erklärung; auf die Frage nach seiner Genialität in all den Bereichen, mit denen er sich beschäftigte, antwortete er: „Gott ist mein Zeuge, dass ich nicht derjenige bin, der für all dies verantwortlich gemacht werden kann“.